Inhalt

Dieses Buch ist den koreanischen Christen
in China gewidmet,
die ihr Leben einsetzen, um Flüchtlingen
aus Nordkorea zu helfen –
und dem Gedenken an die vielen Flüchtlinge,
die zurück in die Hölle von Nordkorea
deportiert wurden.

Die Personen dieser wahren Geschichte

Mehrere Personen haben ihren Namen später nach gelungener Flucht geändert.

Pil Soo Kim	–	die Hauptperson; ändert seinen Namen später in *Peter*
Myung Hee Kim	–	seine Frau; ändert ihren Namen später in *Maria*
Sung Yeon Kim	–	Tochter der Kims, später *Sharon*
Dae Jin Kim	–	Sohn der Kims, später *Daniel*
Großmutter Kim	–	Pil Soos Mutter, die in China an Gebärmutterkrebs stirbt
Kyung Jo Park	–	Pil Soos bester Freund in Nordkorea
Ältester Cha	–	koreanisch-chinesischer Christ und Missionar, der in China unter Flüchtlingen aus Nordkorea arbeitet
Esther Li	–	koreanisch-chinesische Hauspastorin
Miriam Li	–	Tochter von Esther Li
Pastor James Lee	–	koreanischer Pastor, der mit der „Flüchtlings-U-Bahn" zusammenarbeitet. Diese hilft Flüchtlingen aus Nordkorea, über China und die Mongolei oder Südostasien nach Südkorea zu kommen
Kim Il Sung	–	Gründer (1948) und „Großer Führer" der Demokratischen Volks-

republik Korea (= Nordkorea). Er lebte von 15. April 1912 bis 8. Juli 1994. In der nordkoreanischen Verfassung wird er als der „Ewige Präsident“ des Landes bezeichnet. Sein Geburtstag und sein Todestag sind Feiertage in Nordkorea

Kim Jong Il – Sohn von Kim Il Sung (geb. 16. Februar 1941). Derzeitiger Präsident und „Geliebter Führer“ Nordkoreas

Vorwort

Dieses Buch schildert die wahre Geschichte einer Familie, der unter abenteuerlichen Umständen die Flucht aus Nordkorea gelang. Sämtliche Namen in diesem Buch sind geändert, um die Identität und die Arbeit der betreffenden Personen zu schützen. Peter und Maria Kim haben uns erlaubt, ihre Geschichte zu erzählen, weil niemand ihrer näheren Verwandten noch in Nordkorea lebt. Die meisten Flüchtlinge aus Nordkorea haben nach wie vor Verwandte in ihrer alten Heimat, sodass sie ihre Erlebnisse aus naheliegenden Gründen nicht veröffentlichen können.

Mein tiefer Dank gilt zwei lieben koreanischen Freunden, die mir bei den Recherchen und Interviews für dieses Buch sehr geholfen haben. Leider kann ich sie aus Sicherheitsgründen hier nicht namentlich nennen.

Ein großes Dankeschön geht auch an die koreanischen Brüder und Schwestern von „The Light Korean Presbyterian Church“ in Toronto (Kanada), die bei der Übersetzung der langen Interview-Aufzeichnungen vom Koreanischen ins Englische halfen. Ebenso an Herman Weiskopf für seine unschätzbare Hilfe beim Schreiben dieses Manuskripts und an Nita Kellner für ihre kompetente Bearbeitung.

London, Ontario/Kanada, im März 2006
Paul Estabrooks
Pastor und internationaler Referent
Open Doors International

1. Brot oder Tod

Pil Soo Kim stand halbnackt in dem eiskalten, hüfthohen Wasser; seine Kleidung hielt er hoch über seinen Kopf, damit sie trocken blieb. Der Tumen war noch viel kälter, als er gedacht hatte – so kalt, dass ihm schier die Luft wegblieb. Die Kälte schnitt wie ein Messer durch seine Beine, dann wurden sie langsam taub. Es war schon Winter, der Fluss hatte begonnen, zuzufrieren. Für einen Augenblick war der Kälteschmerz vom Wasser und der mitternächtlichen Luft stärker als der quälende Hunger, der ihn vorantrieb.

Pil Soo Kim zitterte. Von dem eisigen Wasser, aber noch mehr vor Angst. Was, wenn jetzt irgendein Grenzpolizist ihn mit seinem Fernglas entdeckte? Zurück konnte er nicht mehr, hinter ihm waren die nordkoreanischen Grenzer. Aber vor ihm, am anderen Ufer des Flusses, waren die chinesischen. Was, wenn sie ihn schon gesehen hatten und nur darauf warteten, dass er das Ufer erreichte?

Hundert Fragen geisterten durch seinen Kopf. Würde er je wieder zurück nach Hause kommen, wenn sie ihn kriegten? Was würde aus seiner Familie?

Die Zweifel hatten vor ein paar Minuten begonnen, als er, hinter einem Strauch versteckt, auf das Signal zur Überquerung des Flusses wartete. Auf einmal war er sich wie ein Landesverräter vorgekommen. Wie er es hasste, dass alles schlechter wurde! Und diese Hungersnot ... Aber Nordkorea war immer noch seine Heimat, sein Land. Doch noch stärker als die Liebe zum Land war die zu seiner Familie, die so dringend etwas zu essen brauchte – und nicht nur das, sondern auch einen Sinn im Leben. Er würde nie vergessen, wie sein Vater gestorben war, zwei seiner Brüder und eine Schwester. Alle vier waren verhungert oder an Krankheiten gestorben, für die ihr ausgemergelter Körper einfach zu schwach gewesen war. Das durfte dem Rest seiner Familie nicht auch noch passieren!

Er wusste: Wenn die chinesischen oder nordkoreanischen Grenzpolizisten oder Soldaten ihn kriegten, bedeutete das entweder Gefängnis oder Tod. Wie bei jenem Freund, der über den Fluss nach China gegangen war, um selbstgezüchtete Pilze zu verkaufen und so die Familienkasse ein wenig aufzubessern. Sie hatten ihn erwischt und prompt erschossen. Die einheimische Bevölkerung in China und Nordkorea wird bis heute hin und wieder gezwungen, bei solchen Exekutionen zuzuschauen, um sicherzustellen, dass sie genügend eingeschüchtert ist und nicht auf „dumme Gedanken" kommt.

Doch Pil Soo hatte nicht so sehr Angst um sein eigenes Leben als vielmehr um seine Familie. Wenn er versagte, müsste sie die Folgen ausbaden; womöglich würden die Sicherheitsbehörden sie in ein Arbeitslager stecken.

Oft wurden Flüchtlinge gleich beim Überqueren des Flusses erschossen; ihre Leichen ließ man im Wasser treiben. Pil Soo hatte gehört, wie einmal mehrere Kinder durch den durch Leichengift verunreinigten Fluss geschwommen waren. Am anderen Ufer waren sie umgefallen und sofort gestorben. Was, wenn er gleich über so eine Wasserleiche stolperte? In der stockdunklen Nacht konnte er rein gar nichts sehen. Vielleicht war es besser so.

Illegal über die Grenze zu gehen, war immer mit Lebensgefahr verbunden. Aber es blieb ihm nichts anderes übrig. Dies war seine letzte Karte, die einzige Möglichkeit, seiner

Frau und seinen Kindern etwas zu essen zu besorgen. Er musste ständig an sie denken. Er stellte sich vor, wie sie bald ruhig schlafen könnten, ohne den bohrenden Schmerz vom Hunger im Bauch. Fast musste er jetzt lächeln. Doch, er war bereit, sein Leben zu riskieren.

Es ging ums nackte Überleben, und angefangen hatte es schon vor einigen Jahren.

2. Führergeburtstag

Pil Soo hielt sein Schild hoch über den Kopf, als er über den riesigen Platz im Zentrum von Pjöngjang, der Hauptstadt von Nordkorea, marschierte. Links und rechts von ihm und vor ihm, so weit sein Auge reichte, marschierten andere Koreaner, ebenfalls mit stolz erhobenen Schildern. Das Gesamtbild konnte Pil Soo nicht sehen, aber er wusste: Er war ein winziges Detail eines aus all den Schildern gebildeten riesigen Bildes des „Großen Führers".

Es war der 15. April 1994 – Kim Il Sungs Geburtstag, im Volksmund auch „Sonnentag" genannt. An diesem Tag war der „Große Führer" und Gründer Nordkoreas im Jahre 1912 geboren worden, und jedes Schulkind im Land wusste in- und auswendig, was für ein herrlicher Mann der „Führer" war und dass sie es allein ihm zu verdanken hatten, dass sie im Paradies lebten. Allerdings: Die tausend oder noch mehr Menschen, die allein in den letzten ein, zwei Tagen verhungert waren, hatten diese hehren Gedanken vermutlich nicht geteilt.

Ganze Abteilungen jubelnder Schüler und Studierender marschierten mit, dazu ein großer Chor. Die teilnehmenden Studenten hatten tagelang bis um Mitternacht geübt. Im Gleichtakt mit allen anderen drehte Pil Soo sein Schild um, und aus dem Bild des „Großen Führers" wurde die Flagge von Nordkorea mit ihren roten, weißen und blauen Querstreifen und dem fünfzackigen roten Stern im weißen Kreis in der linken Mitte. Die Ehrfurcht der Zuschauermassen war geradezu spürbar.

Ein warmes Hemd wäre Pil Soo lieber gewesen. Er fror

in der neuen Uniform mit dem kurzärmeligen Hemd, die die Regierung dieses Jahr an alle ausgegeben hatte. Die Uniformen wurden in Arbeitslagern hergestellt. Kurz vor dem „Sonnentag" war das Wetter umgeschlagen, und der kalte Wind schnitt ihm in die Haut.

„Das ist die reinste Folter", murmelte Pil Soo. Aber er hatte sich freiwillig für diesen Einsatz heute gemeldet. Es war eine Ehre, den Geburtstagsfeierlichkeiten in der Hauptstadt beiwohnen zu dürfen. Bevor Pil Soo früh am Morgen nach Pjöngjang aufgebrochen war, hatte er noch seine eigene kleine Nationalflagge zu Hause am Türpfosten befestigt.

Sein leerer Magen knurrte. Das Frühstück war lange her. Seine Frau, Myung Hee, hatte ihm eine kleine Portion *Congee* gemacht, einen Brei aus Maismehl, der im Geschmack an Kartoffeln erinnerte. Pil Soo mochte Kartoffeln. Selbst an diesem Nationalfeiertag war an *Kimchee,* das koreanische Nationalgericht aus eingelegtem Gemüse mit Knoblauch, roten Paprikas und Ingwer noch nicht einmal zu denken.

Pil Soo lief das Wasser im Mund zusammen, als er an die Köstlichkeiten dachte, die es in ein paar Stunden geben würde. Besonders freute er sich auf das Ei. Und die Zigaretten natürlich, das Speiseöl und das Maismehl. Es war eine alte Tradition, dass der „Große Führer" seine Untertanen zu seinem Geburtstag mit Nahrungsmitteln beschenkte. Besonders die Kinder freuten sich auf ihre Bonbons und Plätzchen.

Pil Soo marschierte bibbernd weiter, immer schön im Gleichschritt. Mit jedem Schritt zählte er die Sekunden bis zum Ende der Parade. Dann könnte er mit dem Zug wieder nach Hause fahren und zusammen mit seiner Familie noch den Sportveranstaltungen zusehen. Es würde Fußball-, Volleyball- und Basketballspiele geben, dazu Wettrennen und sogar Hula-Hoop-Darbietungen. Meistens dauerten diese Sportfeste zwei Tage, aber dieses Jahr musste ein Tag genügen. Gerüchteweise hörte man, dass die finanzielle Lage des Landes angespannter war denn je.

Doch bevor sie nach Hause konnten, mussten die Marschierer sich noch mehrere lange, sehr lange Reden anhören. Die meisten Leute hassten sie herzlich, aber sie waren ein fester Bestandteil der Führergeburtstage. Das Allerschlimmste war: Von jedem wurde erwartet, dass er die Rede des „Großen Führers" an diesem Tag auswendig lernte.

Pil Soo rieb sich zum x-ten Male über seine kalten Arme und die Brust, während ein Redner nach dem anderen sein Loblied auf Kim Il Sung rezitierte. Er zitterte so sehr von der Kälte, dass es sich schon wie Krämpfe anfühlte. Er versuchte, die Zeit abzukürzen, indem er von den Leckereien träumte, die es bald geben würde.

Aber dieses Jahr gab es keine Leckereien! Zum ersten Mal in Pil Soos Leben endeten die Geburtstagsfeierlichkeiten ohne die üblichen Esspakete. Lediglich die Kinder bekamen je eine Zwei-Pfund-Tüte mit Bonbons und Plätzchen, die zum Teil ungenießbar aussahen.

Im Zug zurück in seine Heimatstadt starrte ein niedergeschlagener Pil Soo zum Fenster hinaus. Das Hauptnahrungsmittel in Nordkorea schien die Enttäuschung geworden zu sein.

3. Gras und Baumrinde

Einige Monate später trottete Pil Soo mit gesenktem Kopf die schmale, staubige Straße entlang, die zu seinem Haus führte. Die riesige Plakattafel an der Ecke, mit dem Bild von Kim Il Sung und der Aufschrift: „KIM IL SUNG IST IMMER BEI EUCH“, nahm er nicht mehr wahr. Er würdigte das Bild auch keines Blickes mehr, seit ihm vor einigen Monaten klar geworden war, dass die Prophezeiungen des „Großen Führers“ vom großen Wohlstand und wohlgedeckten Tisch für alle nur heiße Luft waren.

Ihm war unbehaglich geworden bei dieser Erkenntnis, ja er hatte sich wie ein Verräter gefühlt. Man hatte ihm von Kind auf eingehämmert, wie viel Dank er dem „Großen Führer“ schuldete für alles, was er hatte. „*Alles*, was ich habe“ – jedes Mal, wenn er über die Worte nachdachte oder sie vor anderen erwähnte, musste er kichern. Doch mit der Zeit war aus dem Lachen Bitterkeit und Groll geworden, denn Pil Soo wusste jetzt, was all die gebrochenen Versprechen für seine Familie, ja das ganze Land bedeuteten.

Wer Pil Soo sah, wie er da die Straße entlangschlich, musste denken, dass ihm etwas schwer auf dem Herzen lag. Aber es waren nicht so sehr die trüben Gedanken, sondern Pil Soo war krank. Wie konnte ein Mensch sich gestern noch so wohl fühlen und heute so furchtbar? Er hatte starke Bauchschmerzen, und der Durchfall wollte wiederkommen. Er fragte sich, ob er sich die gleiche Krankheit geholt hatte, von der seine Frau, Myung Hee, gerade genesen war. Der Arzt hatte sie „Paratyphus“ genannt.

Warum mussten sie nur ein Haus kaufen, das so weit

draußen lag?, dachte er, während er sich zwang, weiterzugehen. Natürlich wusste er die Antwort. Häuser waren teuer, und Pil Soo hatte nicht das Geld für ein besseres Haus oder eines, das mehr im Zentrum dieser Stahlstadt in den Bergen lag. Er wusste noch gut, wie viel Arbeit ihn der Kauf und die Instandsetzung des winzigen Drei-Zimmer-Hauses gekostet hatten. Das Haus hatte kein Dach gehabt; er hatte also selber eines bauen müssen. Dann hatte Myung Hee hundert Extrawünsche gehabt, und die Möbel für das neue Heim hatte er natürlich auch selber bauen müssen. Als Belag für den Zementfußboden hatte er in irgendeiner Fabrik gelbes Papier erstanden; PVC-Fliesen aus China konnten sie sich nicht leisten.

„Na, schon wieder fertig mit der Arbeit? Hast du was zu Mittag gegessen?“, begrüßte ihn Myung Hee, als er zur Tür hereinkam und sich auf einen Stuhl fallen ließ. Pil Soo wusste, dass sie keine Antwort auf die zweite Frage erwartete; sie hätte die Welt nicht mehr verstanden, wenn er sie mit „Ja“ beantwortet hätte.

Er hatte eine gute Arbeit als Schreiner in einer Möbelfabrik, die ihm einen Monatslohn von 50 Won (etwa 5 Euro) brachte, was etwa dem Durchschnittseinkommen in Nordkorea entsprach, wenn er die vollen Arbeitsstunden zusammenbrachte. Aber das Material für Möbel war knapp und die Zahl der geleisteten Arbeitsstunden entsprechend niedrig. An manchen Tagen kamen die meisten Angestellten erst gar nicht zur Arbeit. Pil Soo selber arbeitete vielleicht zehn Tage im Monat. Myung Hee wunderte sich nicht darüber, dass er so früh heimkam, wohl aber über sein schmerzverzerrtes Gesicht.

„Mir ist so schlecht, dass ich am liebsten sterben möchte. Ich bin heute eher gegangen, weil mein Fieber so hoch ist.

Wenn heute wieder fünfzig Menschen in unserer Stadt sterben, dann bin ich vielleicht der einundfünfzigste! Dann könnt ihr mich ja aufessen." Pil Soo meinte auch den letzten Satz ernst. Niemand traute sich, offen darüber zu reden, aber es kam in ihrer Gegend vor, dass Menschen vor lauter Hunger ihre verstorbenen Verwandten aßen. Erst vor Kurzem waren die beiden Söhne eines Nachbarn verhungert, aber es hatte nie eine Beerdigung gegeben. Die Gerüchteküche kochte.

„Unsinn!", erwiderte Myung Hee. „Du hast bloß wieder eine Erkältung, das Wetter ändert sich ja dauernd! Komm, leg dich hin, ich mach dir ein bisschen heißes Wasser." Ihre Unbekümmertheit war nur gespielt; der Zustand ihres Mannes machte ihr Angst.

Pil Soo hielt sich seinen schmerzenden Bauch. „Wie war dein Tag so?"

„Nichts Besonderes. Ein paar Nachbarn haben wieder um Essen gebettelt. Ich konnte ihnen natürlich nichts geben. Familie Soon hat Angst, dass ihre Oma noch heute Abend stirbt. Sie besteht immer darauf, ihre Essensportion den Enkelkindern zu geben."

„Wo ist Mutter?", fragte Pil Soo, während sein Blick durch das Zimmer ging. Seine Mutter wohnte mit in dem kleinen Haus. Er sah stirnrunzelnd zu den beiden Fotos von Kim Il Sung und dessen Sohn Kim Jong Il hoch, die an der größten Wand ihren Ehrenplatz hatten; für ihn waren sie eine tägliche Erinnerung daran, wer an dem Hunger in Nordkorea schuld war.

„Die ist auf den Berg gegangen, um Gras zu holen. Die Kinder sind mitgegangen; sie wollen sehen, ob sie nicht auch etwas Baumrinde finden."

„Heißt das, dass wir schon wieder fast keinen Mais und

Reis mehr haben?“, fragte Pil Soo. Seine Stimme klang hoffnungslos.

„Ja“, antwortete Myung Hee leise. Sie wollte ihrem kranken Mann nicht noch mehr zumuten, aber er musste die Wahrheit wissen. „Unsere Rationen sind bald alle.“

„Dann hoffen wir mal, dass Mutter diesmal nicht wieder diesen Giftefeu anfasst“, versetzte Pil Soo. „Wie sie sich das letzte Mal gekratzt hat, es war nicht auszuhalten.“

„Und, Pil Soo“, fuhr Myung Hee fort, als hörte sie ihn nicht, „deine Mutter ist so enttäuscht, dass es nichts werden will mit ihrer Nudelsuppenküche. Sie redet von nichts anderem. Vor allem jetzt, wo die Nachbarn dauernd kommen und um Essen betteln. Jedes Mal, wenn sie denkt, sie hat genug Geld zusammengespart, kommen irgendwelche größeren Ausgaben. Sie hat erst die Hälfte von dem Geld beisammen, das sie für so einen Laden brauchen würde.“

Es machte Pil Soo das Herz schwer, dass er seiner Mutter nicht helfen konnte, ihre Träume zu erfüllen. Aber andererseits: Was war denn mit Myung Hees Träumen? Und mit denen der Kinder – Sung Yeon und Dae Jin? Und mit seinen eigenen? Und jetzt musste seine Mutter also Gras und Baumrinde sammeln, um daraus eine Suppe zu machen. So weit war es gekommen. So schlecht es Pil Soo war, der Gedanke an eine dünne Grassuppe hob seine Stimmung ein klein wenig. Aber es würde Stunden dauern, bis die Suppe gekocht war, und mehr würde es zum Abendessen nicht geben.

„Wenn nur …“, begann Pil Soo.

„Wir können nicht von zerbrochenen Träumen leben“, unterbrach ihn Myung Hee. „Es ist nicht deine Schuld, dass diese Offiziere ihr Versprechen nicht gehalten haben.“

Pil Soo zuckte die Achseln. Er wünschte sich, die Geschichte vergessen zu können. Wenn er an die fünf Offiziere dachte, tat ihm der Magen noch mehr weh. Vor einem Jahr hatten er und Myung Hee beschlossen, es zu wagen und sich als selbstständige Händler zu betätigen, was in Nordkorea verboten war. Nach sorgfältiger Planung waren sie an die Ostküste gefahren, in die Heimatstadt von Myung Hee, und hatten dort Tintenfische und Krabben eingekauft, die sie anschließend zu Hause mit gutem Gewinn weiterverkauft hatten. Von dem Erlös hatten sie zunächst Lebensmittel für sich selber gekauft und dann mit dem Rest auf dem „offenen" Markt chinesische Waren erstanden (die zehnmal so teuer waren wie die heimischen Produkte), die sie in Myung Hees Heimatstadt wieder mit Gewinn verkauften. Von diesem Geld hatten sie erneut Meeresfrüchte sowie Reis und Mais für zu Hause gekauft.

Dann standen plötzlich fünf Offiziere in voller Uniform an ihrer Tür. Offenbar hatten Nachbarn den Behörden gemeldet, dass man bei Pil Soo und Myung Hee Essen kaufen konnte. Irgendwo gab es in diesem Land immer Informanten. Die fünf Männer versprachen Myung Hee, sie gut zu bezahlen, wenn sie ihnen eine anständige Mahlzeit machte. Myung Hee tat ihr Bestes und servierte den fünfen Großmutters Nudelsuppe, dazu frisches Brot und Wein. Sie hatte ihre letzten Ersparnisse geopfert, um die Sachen auf dem Markt zu kaufen. Die Männer versprachen ihr, ihr noch am gleichen Abend einen Hundert-Pfund-Sack Reis als Bezahlung für das köstliche Mahl zu bringen. Sie machten es wie der „Große Führer" und hielten ihr Versprechen nicht.

Dafür hielt am nächsten Tag das Nachbarschaftskomitee der Kommunistischen Partei eine Kritiksitzung ab, in der Pil Soos „kapitalistische Abenteuer" angeprangert und ihm eine hohe Geldstrafe auferlegt wurde. Pil Soo hatte den Eindruck, dass seine Ankläger mehr vom Neid als von irgendwelchen ideologischen Idealen motiviert waren. Wie dem auch sein mochte, jetzt war er finanziell weit zurückgeworfen, und an Fahrten an die Ostküste war nicht mehr zu denken – vor allem, wenn er weiter so krank blieb. Es schien keinen Ausweg zu geben aus dieser elenden Tretmühle.

„Vielleicht müssen wir das Haus verkaufen." Pil Soo sagte es so laut, dass er selber zusammenzuckte. „Es müsste jetzt 4.000 Won wert sein."

„Und wo sollen wir dann wohnen?", wollte Myung Hee wissen.

„Wir könnten etwas Kleineres in der Nähe vom Markt mieten, da könnte Mutter ihre Nudelsuppenküche eröffnen." Pil Soo merkte, wie seine Kraft immer weniger wurde. Bald war er zu schwach, um zu sprechen.

Als seine Mutter zurückkam, genügten ein Blick und das Betasten seiner heißen Stirn, um ihr zu zeigen, dass ihr Sohn dringend Hilfe brauchte. Sie stellte hastig einen ihrer Kräuteraufgüsse zusammen, die normalerweise gegen alles Mögliche halfen. Doch an diesem Abend nützten sie nichts; Pil Soos Fieber brannte weiter.

Nach vier Tagen mit hohem Fieber ging es Pil Soo langsam wieder besser. Seine Entschlossenheit, etwas für seine Familie zu tun, war ungebrochen. Er wusste: Wenn sie überleben wollten, musste er etwas riskieren.

4. Die Entscheidung stand fest

Von frühester Kindheit an bekommen die Menschen in Nordkorea eingetrichtert, dass das Leben nirgends besser ist als in ihrem Land. Doch immer mehr Nordkoreaner kommen zu dem Schluss, dass sie mitnichten im Paradies leben, sondern in der Hölle. Hunger und Unterernährung sind so verbreitet, dass die Menschen buchstäblich kleiner sind als in anderen Ländern; die Streitkräfte mussten die Mindestgröße für die männlichen Rekruten von 1,65 Meter auf 1,57 Meter senken.

Nur eine kleine Elite kann sich regelmäßig satt essen. Der gegenwärtige Machthaber des Landes, Kim Jong Il, hat dem Volk wiederholt versprochen, dass schon bald jeder einen guten Arbeitsplatz, ein schönes Haus, Glück und Wohlstand haben werde, doch all diese Dinge sind eine Fata Morgana geblieben. Der durchschnittliche Bürger Nordkoreas weiß nicht, wovor er mehr Angst haben soll: vor dem Sterben oder vor dem Weiterleben.

Es war diese ausweglose Situation, die Pil Soo zu seinem Plan brachte. Es war ein gefährlicher Plan, aber er fand, dass er keine andere Wahl hatte. In der Nacht, als er sich dazu durchrang, lag er auf seinem Bett und dachte: *Meine Entscheidung steht fest*. Überrascht merkte er, wie ihm diese Worte Kraft gaben. Und er fiel in einen unruhigen Schlaf.

Pil Soo hätte nichts lieber getan, als sein Vorhaben mit seiner Frau zu besprechen, aber das war nicht möglich. Sie hätte versucht, ihm die heimliche Reise nach China auszureden. Und falls sie seinen Plänen doch zugestimmt hätte, wäre sie schier gestorben vor Angst. Nein, dies musste er mit größter Vorsicht angehen. Und allein.

Sein erster Schritt war ein Besuch bei seinem besten Freund, Kyung Jo, der ihm bereits gesagt hatte, dass er ihm Kontakte zu Helfern für den Grenzübertritt verschaffen könnte. Bereits dieser Besuch war nicht ohne Risiken. Schon mehr als einmal hatten „beste Freunde" Beamte der Staatssicherheit informiert, die darauf die potenziellen Flüchtlinge gefasst oder gleich erschossen hatte. Die Informanten handelten gewöhnlich schlicht aus Angst. Wer jemandem half, der nach China flüchten wollte, setzte sein eigenes Leben aufs Spiel.

Wieder und wieder hatte Pil Soo gegen die hundert Ängste angekämpft, die seine Pläne durchlöcherten. Er hatte diese Kämpfe dadurch gewonnen, dass er sich innerlich ununterbrochen den Spruch aufsagte: *Meine Entscheidung steht fest.* Als er es schließlich wagte und Kyung Jo besuchte, war es sein Freund, der es mit der Angst zu tun bekam – so sehr, dass er Pil Soo seinen Plan auszureden versuchte. Erst als er merkte, wie ernst es Pil Soo war, erklärte er sich bereit, ihm einen Kontakt zu den Fluchthelfern zu vermitteln.

Einige Tage danach traf sich Pil Soo mit den Helfern, einer Frau Anfang vierzig und ihrem hochgewachsenen, muskulösen Teenagersohn. Die beiden hatten bereits viele Male den Tumen (den Fluss, der die Grenze zwischen Nordkorea und Nordostchina bildet) überquert. Das Erste, was sie Pil Soo zu bedenken gaben, war, dass es jetzt November war, was bedeutete, dass das Wasser fast unerträglich kalt war. Sie erklärten ihm weiter, dass er für die Flussüberquerung seine Kleidung (bis auf die Unterwäsche) ausziehen und als Bündel über dem Kopf tragen müsste, damit er auf der chinesischen Seite trockene Kleidung anhätte. Nasse Kleidung, betonte der Sohn, würde jedem, der ihn drüben sah, sofort zeigen, dass er durch den Fluss gewatet war.

Im November beginnt sich auf dem Tumen Eis zu bilden, und die Grenzpatrouillen sind wegen der Kälte weniger häufig. Viele Menschen nehmen die Gelegenheit wahr, um durch das eiskalte Wasser nach China zu gehen.

Die Helfer fuhren in ihren Erklärungen für Pil Soo fort: In China angekommen, würden sie mehrere Kilometer zu Fuß zu einem „sicheren Haus" gehen, wo sie eine Mahlzeit bekommen und übernachten würden. Die Gastgeber waren erfahrene Fluchthelfer. Am nächsten Morgen würden sie mit einem Bus in eine nahe gelegene Stadt fahren, wo sie sich trennen würden. Die Helfer würden ihren üblichen Geschäften nachgehen, und Pil Soo würde versuchen, einen Mann ausfindig zu machen, der ihm vor vielleicht einem Jahr versprochen hatte, ihm zu helfen, falls er je nach China kam. Nach drei Tagen würden sie sich alle drei wieder am Busbahnhof der Stadt treffen.

Pil Soo bekam den Eindruck, dass die Frau und ihr Sohn Experten waren, die wussten, wovon sie redeten. Doch, mit diesen Leuten müsste sein Vorhaben gelingen.

Man einigte sich darauf, das Unternehmen in drei Tagen zu beginnen; Treffpunkt war ein bestimmter Punkt am Flussufer, kurz vor Mitternacht. Das Honorar für die Helfer: ein Drittel der Lebensmittel und des Geldes, das Pil Soo in China bekommen würde. Die Hälfte davon würde an einen Verwandten der Fluchthelfer gehen, der in der fraglichen Nacht Dienst an der Grenze hatte. Auch die Besitzer des sicheren Hauses würden etwas für ihre Dienste bekommen.

Auf dem Weg zurück nach Hause war Pil Soo jedoch drauf und dran, seinen Plan zu begraben. Wie viel Lebensmittel würde er denn aus China mitnehmen können? Und es mangelte nicht an Geschichten über Flüchtlinge, die beim Überschreiten des Flusses von den Grenzwachen erwischt und gefoltert worden waren oder deren von Kugeln durchsiebte Leichen den Tumen hinabtrieben. Und sein einziger Kontakt mit dem koreanisch-chinesischen Mann, der ihm vor einem Jahr seine Hilfe angeboten hatte, war denkbar flüchtig gewesen, nicht viel mehr als: „Guten Tag … Auf Wiedersehen." Der Lichtblick war: Kyung Jo hatte ihm erzählt, dass dieser Mann, der *Ältester Cha* hieß, schon mehreren Nordkoreanern geholfen hatte und absolut vertrauenswürdig war. Er und Mitarbeiter von ihm würden Pil Soo Unterkunft und Verpflegung gewähren und ihm Lebensmittel, ja sogar Geld schenken. Es klang zu schön, um wahr zu sein, aber wenn Kyung Jo es sagte, musste es wohl stimmen.

Ein großes Problem war, dass Pil Soo keine Möglichkeit hatte, dem Ältesten Cha sein Kommen anzukündigen. Er müsste auf gut Glück nach China gehen. Aber Schluss mit den Grübeleien! *Meine Entscheidung steht fest.*

Aber was, wenn …? – *Schluss! Meine Entscheidung steht fest!*

5. Nach China

Gleich war es so weit. Pil Soo kauerte in dem hohen Gras des Hügels über dem Flussufer. Alle seine Sinne waren bis aufs Äußerste gespannt. Trotz der Dunkelheit konnte er alles Mögliche ausmachen, sogar das Wehen des Grases im leichten Wind.

In der Vorbereitung auf diesen Abend hatte Pil Soo sich immer wieder eingeschärft, auf *alles* gefasst zu sein, was gefährlich werden konnte. Gleich würde er sein Leben in die Hände von zwei Menschen legen, die er kaum kannte. Was, wenn sie ihn geradewegs in die Arme der Grenzwächter laufen ließen? Unmöglich war es nicht, denn er hatte kein Geld, um seinen Führern ihre Dienste im Voraus zu bezahlen, und er konnte nur hoffen, dass sie tatsächlich, wie sie gesagt hatten, bereit waren, bis zur Rückkehr aus China auf ihr Geld zu warten. Was, wenn etwas schieflief und dieser Verwandte oder ein anderer Grenzwächter ihn im Fluss entdeckte und als Zielscheibe ausprobierte? Aber dann kam er wieder, der Satz, der ihn ruhig machte: *Meine Entscheidung steht fest.*

Sein Kopf zuckte nach links. Hatte sich da gerade etwas bewegt? Doch, da war jemand, zehn oder fünfzehn Meter entfernt. Es knackte und raschelte wieder. Jetzt schälten sich die Silhouetten von zwei Menschen aus dem Dunkel. Pil Soo spannte seine Muskeln, bereit, fortzuspringen, falls es nicht seine Helfer waren. Aber nein, es waren die Frau und ihr Sohn.

Die beiden knieten sich schweigend links und rechts von ihm hin. Die Frau hatte eine Taschenlampe in der rechten

Hand. Pil Soo begriff: Sie wartete auf den richtigen Augenblick, um dem Grenzwächter ihr Signal zu geben. Nach ein paar Minuten schaltete sie die Taschenlampe ganz kurz ein und wieder aus, es war nicht mehr als ein Flackern. Zwei Sekunden danach kam das Antwortsignal von dem Wächter – ebenfalls das kurze Aufleuchten einer Taschenlampe. Die Luft war rein, sie konnten in den Fluss.

Langsam, wie drei schleichende Katzen, glitten sie den Hang hinunter. Vielleicht drei Meter vom Ufer zogen die Helfer sich aus und wickelten ihre Kleidung zu einem Bündel zusammen, in das sie ihre Schuhe schoben. Pil Soo tat es ihnen nach. Jetzt, wo er nur noch seine Unterwäsche trug, fühlte der sanfte Wind sich wie ein kaltes Messer an. Keine Zeit, sich darüber zu beklagen; schon waren die Frau und ihr Sohn im Wasser. Sie gingen nach vorne geduckt, die Kleiderbündel über den Köpfen. Als das Wasser tiefer wurde, richteten sie sich auf.

Pil Soos Helfer hatten sich einen denkbar günstigen Punkt ausgesucht. Der Fluss war hier kaum vierzig Meter breit, und man konnte hineinwaten, ohne dass das Wasser verräterisch platschte. In der Mitte des Flusses ging das Wasser Pil Soo bis zur Taille. Ein paar Mal verlor er fast das Gleichgewicht; mit den Armen über dem Kopf durchs Wasser zu waten, war gar nicht so einfach. Als das Wasser seine Brust erreichte, musste er anhalten, um Luft zu holen und sich daran zu erinnern, dass er ja keinen Laut von sich geben durfte.

Die ersten zwanzig Meter gingen recht schnell, dann, als die eisige Kälte des Wassers Pil Soos Kreislauf zuzusetzen begann, wurde er langsamer. Aber da kam es schon in Sicht, das chinesische Ufer. Plötzliche Erleichterung. Sie würden es schaffen!

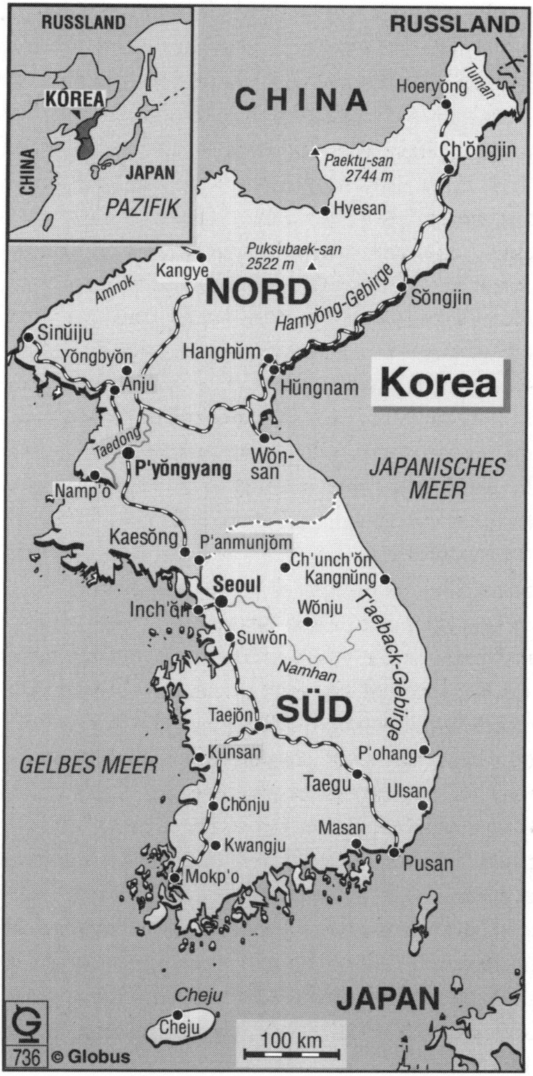
RUSSLAND
KOREA
CHINA
JAPAN
PAZIFIK
RUSSLAND
CHINA
Tuman
Hoeryŏng
Ch'ŏngjin
Paektu-san
2744 m
Hyesan
Puksubaek-san
2522 m
Kangye
NORD
Amnok
Hamyŏng-Gebirge
Sŏngjin
Sinŭiju
Yŏngbyŏn
Hanghŭm
Anju
Hŭngnam
Korea
Taedong
P'yŏngyang
Wŏn-
san
JAPANISCHES
MEER
Namp'o
Kaesŏng
P'anmunjŏm
Ch'unch'ŏn
Kangnŭng
Seoul
Inch'ŏn
Wŏnju
T'aeback-Gebirge
Suwŏn
Namhan
SÜD
Taejŏn
GELBES MEER
Kunsan
P'ohang
Taegu
Ulsan
Chŏnju
Masan
Kwangju
Pusan
Mokp'o
Cheju
JAPAN
Cheju
100 km
736
© Globus

Und sie schafften es. In aller Hast zogen sie sich wieder an. Dann folgte ein zweistündiger Fußmarsch zu dem sicheren Haus, mit dessen Besitzern, einem Ehepaar, Pil Soos Fluchthelfer schon seit Langem zusammenarbeiteten.

Unauffälligkeit war das oberste Gebot auf diesem Fußmarsch. Dass sie keine uniformierten Polizisten oder Soldaten sahen, bedeutete noch lange nicht, dass sie in Sicherheit waren. Jeder an dem Grenzfluss wusste, dass die chinesischen Behörden Agenten als Kopfgeldjäger beschäftigten. Sie verdienten ihr Brot damit, Nordkoreaner, die illegal über die Grenze kamen, zu schnappen.

Die Besitzer des sicheren Hauses hatten eine Nachricht erhalten und waren auf die Ankunft von Pil Soo und seinen Fluchthelfern vorbereitet. Auch sie waren bereit, bis zu Pil Soos Rückkehr auf seine Bezahlung zu warten. Ein warmes Willkommen, ein warmes Haus und ein warmes Bett – das war das angenehme Ende dieses denkwürdigen ersten Tages in Pil Soos Abenteuer.

Dann war auch schon der Morgen da, und Pil Soo setzte sich mit seinen Helfern und den Hausbesitzern zum Frühstück. Es gab so viel zu essen, dass er ausrief: „Das ist ja kein Frühstück, das ist ein Festessen!“

„Iss“, erwiderte sein Gastgeber herzlich lachend.

Pil Soo ließ sich das nicht zweimal sagen. Es gab mehrere Gänge, und die Portionen waren groß. Das Hauptgericht war eine Art Rindfleischeintopf. So etwas Köstliches hatte Pil Soo sein ganzes Leben noch nicht gegessen. In seinem halb verhungerten Zustand kam ihm das Essen paradiesisch vor. Wenn nur seine Familie auch hier wäre und dieses herrliche Essen genießen könnte!, musste er immer wieder denken. Auf einmal merkte er, wie ihm die Tränen über die Wangen liefen und in seiner Reisschale landeten. Sein Gastgeber schaute diskret zur Seite, damit Pil Soo sich das Gesicht abwischen konnte.

„Du denkst gerade an deine Frau und deine Kinder, nicht wahr?", fragte er. „Sei nicht so traurig. Komm, iss noch etwas. Wenn alles vorbei ist, wird deine Familie auch genug zu essen haben."

Bevor Pil Soo die nächste Etappe seines Abenteuers antrat, erklärte sein Gastgeber ihm, in welchen Bus er steigen musste, um zu der Stadt zu kommen, in der Ältester Cha wohnte. Doch vor der Busfahrt kam ein halbstündiger Fußmarsch zum Busbahnhof. Dort machten Pil Soo und seine Fluchthelfer einen Treffpunkt aus, wo sie sich in drei Tagen wieder treffen würden. Darauf stiegen die Frau und ihr Sohn in einen Bus, der sie Richtung Süden bringen würde, zu der Stadt, wo ihre Kontaktpersonen wohnten. Als ihr Bus fortfuhr, dämmerte es Pil Soo erst richtig: Er war nicht nur allein, er war allein in einem fremden Land. Ein paar Minuten später stieg er in seinen Bus; die Reise würde drei Stunden dauern.

So einen Bus hatte er im Leben noch nicht gesehen. Von seinem Platz am hinteren Ende aus konnte er fast den ganzen Innenraum überblicken. Wie sauber es hier war! Es gab sogar Fernsehen an Bord, zur Unterhaltung der Fahrgäste. Aber was sah er da in den Werbesendungen? Chinesische Frauen, die nur ihre Unterwäsche trugen! So etwas Ungehöriges gab es in Nordkorea nicht …

Nach der ersten Stunde begannen Pil Soos Gedanken, auf Wanderschaft zu gehen. Er musste an seine Familie denken, daran, wie gut seine Fluchthelfer und die Gastgeber in dem sicheren Haus zu ihm gewesen waren und wie reibungslos sein Unternehmen bisher verlaufen war. Aber bis jetzt hatte er sich auf Menschen verlassen können, die bei ihm waren und so etwas nicht zum ersten Mal machten. Jetzt kam der große Schritt ins Ungewisse, denn dieser Älteste Cha wusste überhaupt nicht, dass er kam. War er überhaupt zu Hause? Und wenn ja, würde er sich an ihn erinnern? Pil Soo erinnerte sich nur schattenhaft daran, wie Cha aussah. Er wusste noch, dass er groß, ein wenig nach vorne gebeugt und wohl Mitte fünfzig war – das war alles.

Wie war das noch gewesen, als er dem Ältesten Cha begegnet war? Es war jetzt fast ein Jahr her. Pil Soo hatte Kyung Jo besucht, seinen Freund aus Schul- und Kindertagen. Er war immer gerne mit Kyung Jo zusammen, aber an diesem Tag kreiste ihr Gespräch um ein ganz besonderes Thema: Dass es immer mehr Nordkoreanern gelang, heimlich nach China zu gehen und mit Lebensmitteln und Geld zurückzukommen. Manche betrieben einen kleinen Handel. Andere, berichtete Kyung Jo, kamen in China mit Menschen zusammen (meist Koreanern, die in China geboren waren), die Netzwerke aufgebaut hatten, mit deren Hilfe man auf abenteuerlichen Umwegen nach Südkorea kommen konnte.

Pil Soo staunte. Seine Fragen sprudelten nur so aus ihm heraus.

Kyung Jo beantwortete sie gerne. „Die meisten dieser Helfer sind Christen, die ihr Leben riskieren, um anderen zu helfen. Es ist unglaublich, was Gott hier tut. Du bist verzweifelt und fragst dich, was aus deiner Familie werden soll. Solange wir unter dieser Diktatur leben, wird nichts besser werden in diesem Land. Deswegen flüchten ja so viele.

Ich finde, du solltest es auch versuchen. Ich kann dich

mit zwei sehr guten Fluchthelfern zusammenbringen, die schon oft in China waren. Was denkst du?“

Pil Soos Mund stand offen, als er seinem Freund zuhörte. Das hier war das erste Mal, dass Kyung Jo das Wort „Gott“ in den Mund nahm. Dass er wusste, wie man über die Grenze nach China kam, war ebenfalls eine Sensation. Es dauerte wohl eine halbe Minute, bis Pil Soo sich gefasst hatte und sagte: „Ich weiß nicht, was ich denken soll.“ Und er verstummte.

Kyung Jo fuhr fort, von Gott zu reden. Und von Gottes Sohn, Jesus Christus. Pil Soo verstand bald gar nichts mehr. Wie oft er in seinem Leben von Gott und Jesus gehört hatte, konnte er an den Fingern abzählen. Und wie konnte er irgendwelchen Wildfremden, die er noch nie gesehen hatte, vertrauen? War sein Freund noch richtig klar im Kopf?

„Komm doch heute Abend wieder, dann kannst du den Ältesten Cha kennenlernen“, sagte Kyung Jo. „Ich kann dir nicht viel über Gott und Jesus erklären, aber Cha kann es. Er hat mir geholfen, Jesus in mein Leben aufzunehmen. Cha ist gerade wieder aus seiner Stadt in Nordostchina hierhergekommen und übernachtet bei mir. Er tut sehr viel für die Menschen, die nach China oder noch weiter flüchten wollen. Wenn er kommt, hat er immer Bibeln in unserer Sprache dabei, die er an die Menschen hier verteilt. Er ist gerade nicht im Haus, aber in ein paar Stunden kommt er wieder.“

In Nordkorea sind jegliche religiösen Aktivitäten strikt verboten. Wer auch nur ein Gespräch über religiöse Themen führt und dabei erwischt wird, wird schwer bestraft. Pil Soo wusste: Es war verrückt, was er da tat, aber er wollte das Angebot seines Freundes annehmen und um sechs Uhr abends wiederkommen.

Den ganzen Heimweg und zu Hause dachte er über das nach, was er da gehört hatte. Der sonst eher reservierte Kyung Jo hatte geradezu begeistert geklungen, als er über diese Religion sprach, die er „in sein Leben aufgenommen hatte“. Was sollte das alles?

Pil Soo versuchte, sich einen Reim darauf zu machen. Konnte es sein, dass sein bester Freund ihn in eine Falle locken wollte? Aber das war doch wohl nicht möglich …

Pil Soos Neugier war schließlich stärker. Er wollte, er musste wissen, wie man das machte – heimlich nach China gehen und wieder zurück. Und diese Freude in Kyung Jos Stimme, als er von Gott gesprochen hatte! Wer oder was war dieser Gott? Was hatte er Kyung Jo gegeben, dass er so strahlte, wenn er von ihm sprach?

Pil Soos Zögern und Zaudern dauerte lange – so lange, dass er, als er schließlich wieder bei Kyung Jo anklopfte, zwei Stunden Verspätung hatte. Das war Pech für ihn, denn Ältester Cha, ein seriös aussehender Mann mittleren Alters, musste schon wieder gehen und hatte nur ein paar Minuten für Pil Soo übrig. Am Ende des kurzen Gesprächs sah er Pil Soo fest in die Augen, reichte ihm einen Zettel und sagte: „Hier, dies ist meine Adresse und Telefonnummer. Wenn du je nach China kommst, komm bei mir vorbei. Ich habe gehört, dass ihr beiden ein ernstes Gespräch hattet.“

Pil Soo wusste nicht, was er ihm antworten sollte. Er murmelte ein Dankeschön – aber danke wofür? Die letzten Worte des Ältesten Cha waren: „Gott liebt dich und hat wunderbare Pläne für dein Leben. Ich werde darum beten, dass du seinen Willen findest und ausführst.“

Jetzt verstand Pil Soo gar nichts mehr.

Als Cha gegangen war, versuchte Kyung Jo, der selber noch ein Neuling im christlichen Glauben war, wacker, Pil

Soo zu erklären, wie und warum er an Jesus glaubte. Pil Soo, der sich mit dem religiösen Vokabular nicht auskannte, begriff rein gar nichts. Nach zwanzig Minuten konnte er nicht mehr zuhören; er musste hier weg, sonst würde er noch verrückt werden! Und er ging, sich wortreich entschuldigend und seinem Freund dankend.

Nach diesem Abend waren ihm noch tagelang die Fragen durch den Kopf gegeistert. Wer war dieser Gott, und wo war er? Was hatte er mit Kyung Jo gemacht? Was konnte er für Pil Soo tun? Was hieß es, an ihn zu „glauben"? Wie konnte Pil Soo an jemand glauben, den man nicht sah und hörte? Was hatte sein Freund nur mit dieser „Beziehung" zu diesem Jesus, und wer war Jesus? Er würde Kyung Jo ja gerne glauben, aber was, um alles in der Welt, meinte er denn?

Pil Soo saß immer noch im chinesischen Bus und zwang sich heraus aus seinem Grübeln. Er hatte gehört, dass die Chinesen ein viel besseres Leben hatten als die Nordkoreaner, und wenn er durch das Busfenster nach draußen schaute, schien das zu stimmen. Das Haus, in dem er übernachtet hatte, war eines der schönsten, die er je gesehen hatte, aber jetzt zogen draußen lauter Häuser vorbei, von denen eines noch viel größer und luxuriöser war als das andere. Wie war es möglich, dass so viele Menschen so viel Geld hatten, um sich solche Häuser zu leisten? Dann fuhr der Bus in die große Stadt, und Pil Soo staunte noch mehr. Hier waren fast alle Gebäude mit Neonlichtern oder bunten Schildern oder Fahnen geschmückt. In diesem Land pulsierte das Leben! Und die Menschen, die er auf den Straßen und dann auf dem Busbahnhof sah – wie zielbewusst sie dahergingen, als ob sie genau wussten, was sie wollten.

Als er durch den Busbahhof schlenderte, schob er wohl zum zwanzigsten Mal seine rechte Hand in die Hosentasche. Jawohl, der Zettel, den Ältester Cha ihm gegeben hatte, war noch da. Pil Soo wusste nur zu gut, dass er jetzt ganz auf sich allein gestellt war. Er konnte nicht einfach einen beliebigen Passanten nach dem Weg fragen, denn er verstand kein Chinesisch. Er musste einen Koreaner finden, der hier aufgewachsen war. Dies gelang ihm auch; ein freundliches Paar gab ihm genau Auskunft. Aber viel weiter brachte ihn das auch nicht, denn er kannte weder die Stadt noch die Namen der Straßen. Und was für ein Dialekt sollte das sein, den diese Leute sprachen? Aber zum Glück hatte er an Situationen wie diese gedacht. Er fischte in seiner Hosentasche nach den Münzen, die er in dem Übernachtungshaus bekommen hatte, ging in eine Telefonzelle, zog seinen Zettel heraus und rief den Ältesten Cha an.

Pil Soos Erleichterung war groß, als Cha prompt abnahm. Mehr noch: Er erinnerte sich noch gut an ihr kurzes Gespräch. Er riet Pil Soo dringend, nicht länger am Busbahnhof zu bleiben, weil dort die Polizei mit Vorliebe nach Flüchtlingen aus Nordkorea fahndete. Er beschrieb ihm den Weg zu einem nahe gelegenen Lebensmittelladen, wo sie sich in einer Viertelstunde treffen würden.

Pil Soo ging zu dem Laden und erlebte den nächsten Schock seines Lebens: Wie war es möglich, dass es in einem Lebensmittelgeschäft so viele verschiedene Artikel gab? Er versuchte, so zu tun, als sei er ein normaler Kunde, und schlenderte durch ganze Gänge mit Brot, Plätzchen, Papierartikeln, Konservendosen und hundert Dingen, die er noch nie gesehen hatte. Er traf Cha irgendwo zwischen den

Sojabohnensprossen und den Zuckererbsen. Um keine Aufmerksamkeit zu erregen, taten beide so, als hätten sie sich rein zufällig getroffen. Dann gingen sie, Ältester Cha voran, vorbei an den scheinbar endlosen Regalen und hinaus in den sonnigen, kalten Nachmittag.

6. Orangen, Bananen und ein warmes Feuer

Keine zehn Minuten später betraten die beiden Männer ein großes Haus, wo Ältester Cha Pil Soo zu einem Plüschsofa führte und ihn bat, sich zu setzen. Kaum saß er, musste er wieder aufstehen, weil er einer Frau vorgestellt wurde, die Esther Li hieß und der dieses geschmackvoll eingerichtete Haus gehörte. Sie und der Älteste waren koreanischer Herkunft, aber in China geboren, und sprachen flüssig beide Sprachen.

Esther erklärte Pil Soo: Ältester Cha hatte sie sofort nach seinem Telefongespräch mit Pil Soo angerufen, worauf sie und ihre Tochter Miriam, die in der Nähe wohnte, in aller Eile ein Mittagessen für ihn gerichtet hatten. Ein Mittagessen? Das war das nächste Fest! Das „Lass es dir schmecken" von Esther und dem Ältesten ließ Pil Soo sich nicht zweimal sagen.

Ein ganzer Teller mit Hühnerfleisch – wachte oder träumte er? „In Nordkorea gibt es Huhn nur bei Hochzeitsfeiern", erklärte er seinen Gastgebern. „Ich … kann's schier nicht glauben."

Esther lächelte und sagte: „Bitte glaube es und iss, so viel du willst."

Tatsache war, dass Pil Soo sich genierte in diesem fast schon eleganten Esszimmer mit dem übervollen Tisch. Warum waren diese Leute hier so freigebig? Esther und ihrer Tochter war er noch nie zuvor begegnet, und mit dem Ältesten Cha hatte er damals nur ein paar Sätze gewechselt. Wie konnten sie so gut sein zu einem Fremden aus dem

Ausland? Und wie konnten sie es sich leisten, ihm ein solches Mahl zu bieten?

Aber ihre liebe Art und wie sie sich dafür interessierten, wer er war und wie sein Abenteuer bisher verlaufen war, ließen ihn innerlich auftauen, und noch bevor er fertig gegessen hatte, fing er an, sich wohlzufühlen.

Aber diese Frage musste er doch loswerden: „Warum seid ihr so gut zu mir?"

Es war der Älteste, der antwortete. „Seit wir uns letztes Jahr begegnet sind, habe ich für dich gebetet. Als ich damals gehen musste, habe ich dir gesagt: ‚Gott liebt dich und hat wunderbare Pläne für dein Leben. Ich werde darum beten, dass du seinen Willen findest und ausführst.' Erinnerst du dich noch?"

Doch, Pil Soo erinnerte sich, so etwas gehört zu haben. Aber was der Älteste damit gemeint hatte und vor allem diese Sache mit dem „Beten" war Pil Soo ein Rätsel.

In diesem Augenblick kam Miriam und stellte zwei Schalen mit Obst auf den Tisch. Zwei der Früchte hatte Pil Soo noch nie gesehen. Esther klärte ihn auf: „Das sind Bananen und Orangen." Er aß von beiden je eine und versuchte, augenrollend zu beschreiben, wie köstlich sie ihm schmeckten.

Doch da kam schon der nächste Teller, mit Plätzchen. Einige sahen ähnlich aus wie die, die es in Nordkorea zu kaufen gab, aber als Pil Soo sie probierte, merkte er rasch, dass sie viel besser schmeckten.

Es war an diesem Abend recht kalt. Esther ging nach draußen und kam mit einem Bündel Feuerholz zurück. Pil Soo sprang auf, um ihr zu helfen, und sie legten das Holz gemeinsam in den Ofen, der ungefähr in der Mitte des Wohnzimmers stand. Bald brannte das Feuer, das fast ausgegangen war, wieder hell und verbreitete eine wohlige Wärme, während Esther, Ältester Cha und Pil Soo in Sesseln saßen und Ginseng-Tee tranken. So müsste das Leben immer sein, dachte Pil Soo.

Mehrere Minuten saßen die drei schweigend da. Pil Soo schätzte, dass Esther wohl Ende fünfzig war. Sie strahlte eine fast königliche Würde aus, doch gleichzeitig eine große Sanftheit, sodass man sich in ihrer Nähe auf Anhieb wohlfühlte. Ihr schönes, gewelltes Haar wäre der Stolz jeder Frau gewesen. Ihr Gesicht war klein und weich, ihre Haut glatt. In ihren großen Augen leuchtete eine seltene Freundlichkeit, die sich auch auf hundert andere Arten äußerte. Sie war eine attraktive Frau und erinnerte ihn an eine Schauspielerin, die er als Teenager in einem Film gesehen hatte. Ach ja, jetzt wusste er es wieder. Der Film hatte „Religious Shrine“ geheißen (etwa: „Heiligtümer“); es ging da um einen christlichen Evangelisten, einen buddhistischen Priester und einen Hellseher. Esther sah wie eine der Hauptfiguren aus.

Während die anderen sich unterhielten, musterte Pil Soo den Ältesten Cha. Er war mindestens 1,85 Meter groß und hatte ein langes, schmales Gesicht; seine Augen waren sanft, konnten aber plötzlich durchdringend werden. Seine Bewegungen waren geschmeidig-mühelos und ohne Eile.

Plötzlich drehte Cha sich zu Pil Soo hin und sagte mit seiner weichen Stimme: „Ich wusste es, dass wir uns eines Tages wiedersehen würden.“

„Warum sagst du das?“, erwiderte Pil Soo.

„An dem Abend, als du zu mir kamst, drüben in Nordkorea, hatten deine Augen einen Blick, der anders war als bei den anderen Menschen, zu denen Gott mich dort geführt hatte“, erklärte der Älteste. „Seitdem habe ich jedes

Mal, wenn ich an dich denken musste, für dich gebetet – und ich musste ziemlich oft an dich denken."

„Was soll das heißen – für mich ‚gebetet'? Zu wem betest du und warum? Was ist Beten überhaupt?" Die Fragen sprudelten so rasch aus Pil Soo heraus, dass es ihm peinlich war. Er brach ab und murmelte verlegen eine Entschuldigung. Der Älteste sagte kein Wort, lächelte aber freundlich; offenbar war er ihm nicht böse. Pil Soo war erleichtert.

„Ich bete – wir beten – zu Gott", begann Ältester Cha. „Ich habe darum gebetet, dass Gottes Wille in deinem Leben geschieht. Wenn es sein Wille ist, dass du nach China kommst, dann möchte ich dabei helfen. Wir beten zu Gott, weil dies die beste Art ist, mit Gott in Verbindung zu treten; wenn wir beten, reden wir mit Gott. Und er antwortet auf unsere Gebete, so, wie er es für richtig hält. Er hat uns schon viele Male bewiesen, dass seine Liebe zu uns unerschütterlich ist. Beten ist kein Hokuspokus, sondern wir danken Gott für alles, was er für uns getan hat, und bringen unsere Bitten und Nöte vor ihn."

Ältester Cha wusste aus Erfahrung, dass er fürs Erste genug gesagt hatte. Wenn er jetzt noch weitermachte, würde das die Verwirrung, die sich auf Pil Soos Gesicht zeigte, nur noch vergrößern.

Pil Soo hatte in der Tat fast nur „Bahnhof" verstanden, aber er nickte höflich. Er wollte sich nicht mit jemandem streiten, der so nett zu ihm war und der ihm vielleicht helfen konnte, solange er hier in China war.

Esther trank weiter ihren Tee und nickte hin und wieder, während die Männer sprachen. Dann sagte sie: „Erzähl uns von dir und deiner Familie, Pil Soo."

Pil Soo begann: „Ich habe eine sehr schöne Frau, Myung Hee, und wir haben einen Sohn und eine Tochter. Meine

Mutter wohnt auch bei uns. In der Grundschule war ich nicht besonders gut – nur durchschnittlich.“ In Wirklichkeit waren seine Noten in der Grundschule noch schlechter gewesen, aber er wollte nicht, dass Cha und Esther schlecht von ihm dachten.

„Aber die Oberschule habe ich mit Auszeichnung abgeschlossen, weil ich dort sehr gute Lehrer hatte, die ich mochte. Ich war 17, als ich die Schule abschloss, das heißt eigentlich habe ich sie gar nicht richtig abgeschlossen, weil ich einen Monat davor schon zum Militär musste, in die Nähe der entmilitarisierten Zone zwischen Nord- und Südkorea.

Bei uns dauert der Militärdienst zehn Jahre. Aber eine Bergarbeiterstadt im Norden brauchte dringend mehr Arbeiter, und so befahl Kim Il Sung der Armee, Soldaten dorthin zu schicken, die im Norden aufgewachsen waren. Ich war daher nur neun Jahre in der Armee und kam dann mit 26 Jahren als Bergarbeiter in diese Stadt.“

„Und was hast du dort so gemacht?“, fragte Esther.

„Ich wurde der Abteilung zugeteilt, die alle Bauvorhaben in den nördlichen Provinzen unter sich hatte, sowohl in der Industrie als auch im Wohnungsbau. Wir bohrten Löcher in Felsen, schoben Dynamit hinein und sprengten die Felsen. Dann sortierten wir die gewonnenen Steine. Nur die guten Steine wurden zum Bauen verwendet, den Ausschuss kippten wir ins Tal. Da dort nur Männer waren, arbeiteten wir bei warmem Wetter in Unterwäsche.“

Esther goss Tee nach. Sehr zu Pil Soos Vergnügen stellte sie auch einen großen Teller mit Plätzchen auf den Tisch. Pil Soo sagte: „Die sind ja soooo gut!“ Esther und Cha lachten leise; sie konnten sich vorstellen, was für eine Delikatesse die Plätzchen für Pil Soo waren.

Nach den nächsten vier, fünf Plätzchen fuhr Pil Soo mit seinem Bericht fort. „Ich musste immer mit dem Zug zu meiner Arbeit fahren, da der Steinbruch so weit entfernt lag. Die Woche über wohnte ich in dem Wohnheim beim Steinbruch. Wir hausten zu mehreren in kleinen Zimmern, insgesamt waren wir über hundert. Wir hatten viele Probleme mit den sanitären Einrichtungen. Es gab Flöhe und Läuse. Da wir kein Insektengift hatten, schüttelten wir unsere Sachen draußen aus und versuchten, sie zu reinigen, so gut es ging.

Wir sollten acht Stunden am Tag arbeiten, aber meistens wurden es mehr. Manchmal arbeiteten wir auch weniger, wenn wieder einmal der Strom ausfiel. Wenn das passierte oder wenn das Wetter zu schlecht war, spielten wir Karten. Wir spielten um Essensmarken oder um Geld. An Regentagen hatte es so viele Unfälle und Verletzungen gegeben, dass die Leitung angeordnet hatte, bei Regen dürfte nicht mehr gearbeitet werden.

Zum Frühstück gab es Mais- und Reisbrei, zum Mittagessen ebenso. Abends gab es Nudelsuppe. Da die Portionen klein waren, hatten wir ständig Hunger. Alle zwei Wochen sollten wir jeder 45 Essensmarken für Mahlzeiten in dem Wohnheim bekommen, aber wirklich 45 waren es nie, und so spielten viele von uns um Essensmarken."

„War das nicht ziemlich leichtsinnig?", fragte der Älteste. „Ich meine, wenn jemand seine Essensmarken verlor, hatte er doch noch weniger zu essen."

„Ein paar Marken mehr oder weniger machte eigentlich keinen großen Unterschied. Die Leute hatten halt noch etwas mehr Hunger. Jeder musste es sich selber überlegen, ob er mitspielen wollte oder nicht. Eine Mahlzeit kostete zwei oder drei Marken; wir lernten es also, mit einem fast ständig leeren Magen zu leben, wir waren das gewohnt."

Der Plätzchenteller kam wieder zu ihm, und Pil Soo nahm sich zwei seiner Lieblingsplätzchen. Er war dankbar für die Pause; so viel auf einmal hatte er schon lange nicht mehr geredet. Er wusste selber nicht, warum er auf einmal so redselig war. Es musste wohl daran liegen, dass in den paar Stunden ein unsichtbares Band zwischen ihm, Esther und dem Ältesten entstanden war. Sonst war er meistens viel zurückhaltender und stiller, wenn er mit Menschen zu tun hatte, die er noch nicht gut kannte. Aber diese beiden hier, sie waren irgendwie anders – so offen, so mitfühlend; was er ihnen sagte, schien sie wirklich zu interessieren.

Er fuhr fort: „Als junge Frau aß Myung Hee oft Äpfel, Birnen und Pfirsiche. Während sie mit unserem ersten Kind schwanger war, konnte sie von Äpfeln gar nicht genug bekommen. Als mein Vater merkte, dass wir uns keine Äpfel leisten konnten, trieb er irgendwo fünf Äpfel auf, die er ihr mitbrachte. Sie aß sie alle fünf auf einmal, und wir schauten ihr zu und lachten und freuten uns.

Mein Lohn war so niedrig, dass wir unseren Kindern kein Taschengeld geben konnten. Die wirtschaftliche Lage war damals so, dass eine Flasche Wein an die 30 Won kostete und ein Teller Tofu 15 Won. Wenn man eine Flasche Wein und einen Teller Tofu kaufte, hatte man fast seinen ganzen Monatslohn ausgegeben. Ein Kilogramm Reis kostete ungefähr 80 Won und ein Kilo Gerste 50. Nach einem ganzen Monat harter Arbeit konnte man nur ein Pfund Reis oder ein Kilo Mais kaufen."

Esther schüttelte den Kopf. „Dass ihr mit so wenig Essen überhaupt überleben konntet …"

„Das ist wahr", sagte Pil Soo. „Der Hunger ist in den letzten Jahren immer schlimmer geworden. Man muss lernen, jeden Tag mit einem knurrenden Magen zu leben.

Die Rationen, die wir von der Regierung bekommen, und das bisschen, das wir uns kaufen können, reichen hinten und vorne nicht, aber wir haben gelernt, uns mit Gras und Baumrinde aus den Bergen zu behelfen. Wir machen eine Suppe daraus. Besonders nahrhaft ist sie nicht, aber sie schmeckt ganz gut, und besser Gras und Rinde im Magen als gar nichts.

Es gibt bei uns Läden, in denen man Lebensmittel und kleine Mahlzeiten kaufen kann. Die meisten kommen aus China und sind besser als die Sachen aus Nordkorea, aber auch zehnmal so teuer.

Seit den späten Achtzigerjahren erlaubt unsere Regierung den Import von chinesischen Waren nach Nordkorea. Inzwischen sind es so viele geworden, dass es bald nichts mehr gibt, auf dem nicht „Made in China“ steht. Es durften auch chinesische Geschäftsleute in unser Land einreisen, um dort Handel zu treiben. Unsere eigenen Leute dürfen das nicht, aber manche haben angefangen, auf dem Schwarzmarkt zu handeln, einfach um zu überleben.“

Ältester Cha und Esther hätten gerne noch mehr gehört, aber Esther, die wusste, dass sie alle einen langen Tag hinter sich hatten, reckte sich gähnend und sagte: „Meine Herren, ich schlage vor, wir machen morgen weiter. Pil Soo, ich sehe, du bist hundemüde. Komm, ich zeige dir dein Zimmer.“

Cha stand auf, um nach Hause zu gehen. Er sagte: „Pil Soo, hier in Esthers Haus bist du bestens aufgehoben. Morgen wollen wir mehr über dein Leben hören.“

Bevor er einschlief, musste Pil Soo denken: Sie behandelten ihn hier wie einen König. War das Wirklichkeit oder nur ein schöner Traum, und morgen war alles vorbei?

7. Neue Freunde und viele Fragen

Am nächsten Morgen stand Esther um sechs Uhr auf, um – wie immer, seit sie vor über dreißig Jahren zum Glauben an Jesus Christus gefunden hatte – den Tag mit Beten zu beginnen. Ihre leidenschaftlichsten Gebete galten der kleinen Gemeinde im ersten Stock ihres Hauses. Dort trafen sich jede Woche ungefähr zwanzig Christen, die eine Hauskirche bildeten. Und heute betete sie auch für Pil Soo.

Nach dem Frühstück blieben sie, Ältester Cha und Pil Soo am Tisch sitzen, tranken Grünen Tee und besprachen, was sie in den beiden Tagen, an denen Pil Soo noch da war, machen würden. Dann sagte Esther zu ihm: „Du hast uns gestern Abend noch nicht viel über deine Familie gesagt. Erzähl uns mal: Was machen Myung Hee und deine Kinder?“

„Myung Hee ist die beste Frau, die ein Mann haben kann“, sagte Pil Soo, „und eine wunderbare Mutter für unsere Kinder – Dae Jin und Sung Yeon. Dae Jin ist fünf, sehr aktiv und verspielt, wie die meisten Kinder in seinem Alter. Er liebt es, mit mir zusammen zu sein, und stellt mir immer viele Fragen. Seit Neuestem geht er in die Vorschule. Er ist intelligent. Sung Yeon ist sieben und ein stilles, zurückhaltendes Mädchen. Sie hilft schon im Haushalt mit und kümmert sich rührend um ihren jüngeren Bruder, wenn sie nicht in der Schule ist.

Ich würde so gerne besser für die beiden sorgen. Sie würden sich so über Plätzchen und Bonbons freuen. Und über Spielsachen, wie die, die ich gestern in dem Laden gesehen habe. Sie sind noch zu klein, um zu begreifen, warum sie sich nie satt essen können. Es bricht mir jedes Mal das Herz, wenn sie fragen, ob sie nicht noch einen Teller bekommen können. Ich habe ihnen so oft versprochen, dass es bald besser wird, aber ich kann das nie halten. Wahrscheinlich fragen sie sich allmählich, ob sie meinen Worten glauben können. Manchmal komme ich mir gerade so wie unsere Regierung vor, die auch dem Volk ständig Versprechungen macht, die dann nie eingehalten werden, mit dem Ergebnis, dass ihr niemand mehr glaubt.

Entschuldigt, wenn ich so negativ klinge. Aber die letzten beiden Tage sind für mich wie das Schlaraffenland gewesen, da *muss* ich einfach daran denken, dass meine Familie fast nichts zu essen hat. Entschuldigt, dass ich so rede. Ich bin so dankbar für alles, was ihr für mich getan habt, und es ist nicht richtig, wenn ich meine Bitterkeit so bei euch ablade."

Ältester Cha und Esther beeilten sich, ihm zu versichern, dass er nichts Unrechtes gesagt habe. „Wovon das Herz voll ist, davon geht der Mund über", sagte der Älteste. „Es ist wichtig, dass du sagst, wie dir zumute ist. Bitte fahre fort."

„Ihr seid sehr verständnisvoll", erwiderte Pil Soo. „Myung Hee versucht immer, alles positiv zu sehen. Sie gibt sich große Mühe, so für uns zu sorgen, dass wir uns trotz allem geliebt fühlen.

Ich habe sie kennengelernt, als ich bei der Armee war. Ein Vetter von ihr, der in meiner Einheit diente, brachte uns zusammen. Wir sahen uns das erste Mal im November 1989, und im folgenden Februar heirateten wir. Sie war meine erste und einzige Liebe.

Wir konnten uns in unserer Verlobungszeit nicht oft besuchen. Von meiner Kaserne zu Myung Hee war es eine halbe Weltreise, und eine Reiseerlaubnis zu kriegen, war der reinste Papierkrieg. Aber mit jedem Besuch wurden unsere Gefühle füreinander stärker.

Myung Hee sagt immer, dass ich damals besser aussah, aber das lag wohl daran, dass ich eine Uniform trug. Und dass ich durch die harte Arbeit in einer besseren körperlichen Verfassung war.

Wir sahen uns also nicht oft in den drei Monaten vor unserer Hochzeit. Dass ich auch nur ihre Hand halten konnte, war eine Seltenheit; unsere Frauen sind sehr anständig und zurückhaltend.

Die meisten unserer Frauen sind berufstätig, solange sie ledig sind, aber wenn sie verheiratet sind, bleiben sie zu Hause, damit sie für ihren Mann und die Kinder sorgen können. Meine Myung Hee war keine Ausnahme. Bevor wir uns kennenlernten, war sie über fünf Jahre Erzieherin im Kindergarten gewesen. – Möchtet ihr, dass ich noch weitererzähle?"

„Ja, unbedingt", erwiderte Esther. „Erzähl uns noch mehr über Myung Hee und wie euer Leben so ist."

„Myung Hee arbeitet sehr gerne mit Kindern. In ihrer Arbeit als Erzieherin war es für sie immer sehr schwer, nicht genug Essen für die Kinder zu haben. Es kam vor, dass die Erzieherinnen auf ihre eigenen Rationen verzichteten, damit die Kinder mehr bekamen. In unserem Land ist der Bedarf an Erzieherinnen groß, denn sobald ein Kind sechs Monate alt ist, hat es Anspruch darauf, bis zum fünften Lebensjahr in eine Kindertagesstätte oder einen Kindergarten zu gehen. Danach geht es zwei Jahre lang auf die Vorschule.

Unsere Frauen stehen gegen fünf Uhr morgens auf, um den Ofen zu heizen. Die Familie frühstückt gegen halb sieben. Wenn die anderen zur Arbeit oder zur Schule gegangen sind, putzt die Frau das Haus, danach richtet sie das Mittagessen. Wenn sie damit fertig ist, wäscht sie die Wäsche und bereitet das Abendessen vor. Da wir nicht eure modernen Geräte wie Waschmaschine, Elektroherd usw. haben, dauert das alles ziemlich lange."

„Macht die Unterernährung euch nicht krank?", fragte Esther.

Ein schmerzliches Lächeln ging über Pil Soos Gesicht, dann antwortete er: „Doch. Ich glaube schon, dass es daran liegt, dass so viele krank sind und oft nie mehr gesund werden."

Ältester Cha bestätigte: „Ich kenne da eine Statistik, die dich vielleicht interessiert. Nach Angaben der Vereinten Nationen ist ein siebenjähriger Junge in Nordkorea durchschnittlich 12 bis 15 Zentimeter kleiner und 10 Kilo leichter als ein gleichaltriger Junge in Südkorea. Aber, Pil Soo, fahre bitte fort."

„Wir haben noch andere Gesundheitsprobleme. Myung Hee hatte einmal zwei Wochen lang sehr hohes Fieber. Der Arzt sagte, es sei Paratyphus – eine Krankheit, die man fast nur durch verunreinigtes Essen oder Wasser bekommt.

Fünf Prozent der Bevölkerung in Nordkorea hat Tuberkulose. Wir haben genügend Allgemeinärzte, aber nicht genug Fachärzte – nur ein paar in den Krankenhäusern. Das größte Problem ist aber, dass es zu wenig Medikamente gibt. Der beste Arzt ist machtlos, wenn er seinen Patienten keine Medikamente geben kann. Die Menschen müssen ihre Medikamente auf dem schwarzen Markt kaufen und dann ins Krankenhaus mitbringen. Das ist alles so verrückt.

Patienten mit Paratyphus brauchen jeden Tag mehrere Flaschen Infusionslösung, um wieder gesund zu werden. Aber die Regierung gibt ihnen nur eine Flasche, manchmal zwei; um die übrigen müssen die Angehörigen sich kümmern. Und jede Flasche kostet 150 Won. Viele Menschen müssen ihr Hab und Gut, ja manchmal sogar ihr Haus verkaufen, um sich die Medikamente leisten zu können. Wer das Geld nicht aufbringen kann, muss halt eher sterben. Der Vetter meiner Frau, der uns miteinander bekannt gemacht hat, ist an Paratyphus gestorben."

Pil Soo holte tief Luft und fuhr fort: „Wir hatten Glück, dass Myung Hees Schwester Krankenschwester ist. Sie hat ihr mehr Flaschen von der Infusion gegeben. Nach ein paar Tagen im Krankenhaus ging das Fieber wieder runter, aber es dauerte Monate, bis Myung Hee wieder richtig auf dem Damm war."

Es war offensichtlich, dass Pil Soo die Verhältnisse in seinem Land an die Nieren gingen. Als er sich jetzt zurücklehnte, bat ihn Ältester Cha: „Könntest du uns sagen, was deine Pläne für den Rest deines Besuches sind? Wir werden tun, was wir können, um dir zu helfen. Wir geben dir Lebensmittel und Geld mit für die Rückreise nach Nordkorea. Das Geld sind chinesische *Yuan*, die du zu Hause in Won umtauschen musst. Tausche immer nur kleine Beträge um, damit niemand Verdacht schöpft."

Pil Soo erklärte den beiden, dass seine Fluchthelfer ihm Instruktionen gegeben hatten, wann und wo sie sich wieder treffen würden, wann sie zurück zu dem sicheren Haus fahren und wann sie über den Tumen gehen würden. Der letzte Punkt war der kritischste; Pil Soo und seine Helfer mussten exakt zum richtigen Zeitpunkt am Fluss sein, um das Lichtsignal zu geben.

„Es gibt so viel, was schiefgehen kann", sagte Pil Soo. „Bis jetzt ist alles wie geschmiert gelaufen, aber können wir wirklich erwarten, dass das so bleibt? Was, wenn der

Grenzwächter, den wir brauchen, wider Erwarten nicht Dienst hat? Wenn wir das Signal geben und ein anderer Wächter es sieht …?"

„Hab keine Angst." Cha sah Pil Soo fest an. „Gott wird euch helfen. Wir beten für euch, und mehrere Menschen aus unserer kleinen Gemeinde beten ebenfalls. Vertraue auf Gott."

Die Stimme des Ältesten klang beruhigend. Pil Soo war dankbar für seine Worte, auch wenn er mit dem „Vertraue auf Gott" rein gar nichts anfangen konnte. Er schluckte, sah Cha an und sagte: „Danke für deine Worte. Sie machen mir Mut."

Esther sagte: „Wir haben noch nicht darüber gesprochen, wann wir mit dir einkaufen gehen – die Sachen, die du dann nach Hause mitnimmst. Am besten ist es wohl gleich nach dem Mittagessen. Es gefällt dir bestimmt.

Größere Mengen kann man allerdings nicht über den Fluss tragen. Im Laufe der Jahre haben wir herausgefunden, dass es das Beste ist, wenn wir den Menschen Geld mitgeben. Das wiegt nichts und braucht nicht viel Platz, und ihr könnt damit zu Hause in Nordkorea das kaufen, was ihr braucht. Bitte frage uns nicht, wo das Geld herkommt. Es reicht, wenn du weißt, dass Gott für dich und die Deinen sorgt."

Kurz nach dem Mittagessen ging Esther mit Pil Soo hinaus, um einzukaufen. Pil Soo kam sich wie ein kleiner Junge in einem Bonbonladen vor. Und er war auch in einem Bonbonladen, wo er diverse Süßigkeiten für seine Kinder auswählte.

Am Abend dieses Tages erzählte Ältester Cha Pil Soo zum ersten Mal Genaueres über Jesus Christus. Er tat es langsam und behutsam. Er sagte, dass Jesus der Sohn Gottes war, dass er freiwillig den Himmel verlassen hatte, um eine Zeit lang auf der Erde zu leben, dass er an einem Kreuz gestorben war und so die Sünden aller Menschen auf sich genommen hatte, damit sie sich nicht das ganze Leben mit ihnen abschleppen mussten.

„Darum bekommt jeder Mensch, der an Jesus glaubt, die volle Vergebung seiner Sünden und nach dem Tod das ewige Leben im Himmel. Wer an Jesus glaubt, das heißt ihn als seinen persönlichen Retter annimmt, muss das von ganzem Herzen tun. Es reicht nicht, einfach so daherzusagen, dass man an Jesus glaubt, in der Hoffnung, sich so einen Platz im Himmel zu erkaufen. Nein, wer so etwas tut, ist nicht ehrlich. Sondern man muss Jesus in sein Herz aufnehmen und glauben, dass er der Sohn Gottes ist, der für uns einen furchtbaren Tod am Kreuz erlitten hat, damit wir nicht mehr mit der Last unserer Sünde leben müssen.

Wir alle sind Sünder. Das muss nicht gleich heißen, dass wir alle Mörder und Verbrecher sind. Es ist vielmehr so, dass jeder Mensch in seinem Leben sündigt und daher Gottes Vergebung braucht. Und diese Vergebung bietet Jesus Christus jedem an, der ihm sein Herz öffnet. Man nennt das auch ‚Erlösung'. Gott erlöst uns von unseren sündigen Herzen."

Pil Soos Gesicht verriet seine Verwirrung. Cha schwieg jetzt. Er wollte mit Pil Soo lieber später weiter vom Glauben sprechen. Mehr als einmal war es ihm passiert, dass Menschen aus Nordkorea aggressiv reagierten, als sie die „Gute Nachricht" zum ersten Mal hörten. Im Augenblick war wohl das Beste, was er tun konnte, dass er die kleine koreanische Bibel nahm, die er mitgebracht hatte, und sie Pil Soo schenkte.

Man wünschte sich eine gute Nacht, und Pil Soo ging auf

sein Zimmer. Wo konnte er die Bibel hinlegen? Es sah komisch aus, dieses Buch. Fast machte es ihm ein wenig Angst. Ein Buch mit schwarzem Einband hatte er noch nie gesehen. In Nordkorea haben fast alle Bücher einen roten oder orangefarbenen Deckel.

Schließlich legte er die Bibel nicht hin, sondern setzte sich mit ihr auf die Bettkante und begann in ihr zu blättern. Aufs Geratewohl schlug er eine Seite auf und fing an zu lesen. Er verstand kein Wort und blätterte zu einer anderen Stelle. Dass Rechtschreibung und Grammatik ziemlich altertümlich waren, machte die Sache nicht besser. Er kannte keinen einzigen der Namen, die er da las, aber gut – dies war ein Buch aus einer anderen Welt, über die er nichts wusste.

Pil Soo legte die Bibel auf den kleinen Tisch und begann, tief in Gedanken versunken langsam durch das Zimmer zu gehen. Die Worte des Ältesten gingen ihm durch den Kopf. Was um alles in der Welt war dieses „ewige Leben im Himmel“? Es war mehr als ein neues Wort für ihn, es war wie ein unbekannter Kontinent. Und was war „Sünde“, und warum musste jemand an einem Kreuz sterben, damit die Menschen von ihrer Sünde frei werden konnten? Wenn das alles so wichtig war – warum hatte ihm dann noch nie einer etwas davon gesagt?

Eines war jedenfalls klar: Was er bisher über das Christentum geglaubt hatte, war falsch. Er hatte allen Ernstes gedacht, dass der christliche Glaube so etwas Ähnliches wie Wahrsagen oder Aus-der-Hand-Lesen war – beides Dinge, die in Nordkorea jeder kannte. Aber halt ... Er blieb abrupt stehen. Was hatte er da noch denken müssen, als der Älteste seinen kleinen Vortrag hielt? Ja, richtig – dass dieser Gott so etwas Ähnliches war wie die Geister, von denen er vor Jahren einmal gerüchteweise gehört hatte.

Er setzte sich zurück auf das Bett. Was war das bloß für eine Religion? Er hatte wiederholt genickt, als Cha sprach, aber das hatte er nur aus Höflichkeit getan, weil der Älteste so nett zu ihm war, und auch, um es sich mit diesem Mann, den er doch brauchte, um sicher nach Hause zurückzukommen, nicht zu verderben.

Es war nicht recht, was er da machte, aber was für eine Wahl hatte er?

Das war alles so verwirrend. Kyung Jo hatte auf ihn eingeredet, und Pil Soo hatte nur „Bahnhof" verstanden. Dann hielt Ältester Cha einen ganzen Vortrag, und er begriff kein Wort. Esther schwärmte davon, wie wunderbar ihr Gott war, und wieder verstand Pil Soo nichts.

Drei der besten Menschen, die er je kennengelernt hatte, glaubten an diesen Gott, an diesen Jesus. Konnte er diesen Menschen vertrauen? Er glaubte, ja. Sie strahlten alle drei eine solche Güte aus, so viel Liebe. Also gut, er wollte noch einen Versuch machen, zu verstehen, was sie meinten. Vielleicht war wirklich etwas dran an ihrem Glauben.

Esther hatte ihm gestern bestimmt dreimal gesagt, dass Jesus ihn liebte und dass sie durch ihn auch Pil Soo liebte. Er hatte immer gedacht, Liebe sei das Verhältnis zwischen einem Mann und einer Frau und der Familie. Dieser Jesus musste ja ein unglaublicher Mensch gewesen sein, so wie diese Leute hier über ihn redeten. Er sollte für alle Menschen gestorben sein. Was sollte das heißen? Wie war so etwas möglich? Er verstand das alles nicht, aber diese Leute waren so gut zu ihm, da konnte er nicht einfach sagen: „Lasst mich in Ruhe."

Aber jetzt musste er erst mal schlafen, in diesem Traum von einem Bett. Morgen würde dann das nächste Kapitel in seinem großen Abenteuer beginnen. Morgen musste er seinen Heimweg antreten, da musste er fit sein. Er konnte sich keine Fehler erlauben.

8. Zurück nach Hause

Am nächsten Morgen duschte Pil Soo. Er seifte sich komplett mit feiner Seife und Shampoo ein. Was für ein Luxus! Und wie gut die Seife roch! In Nordkorea kennt der Normalsterbliche weder so eine Seife noch Shampoo; sie würden ein Vermögen kosten. Man benutzt stattdessen so etwas wie Kernseife.

Seit seinem Entschluss, nach China zu gehen, hatte Pil Soo so viel nachgedacht wie schon lange nicht mehr in seinem Leben, und auch jetzt, unter der Dusche und danach, beim Abtrocknen, ging ihm so viel durch den Kopf. Plötzlich kam ihm ein Gedanke, den er bisher noch nicht gehabt hatte. Bevor er den Ältesten Cha und Esther kennengelernt hatte, hatte er nur nach China gewollt, um Essen und Geld zu bekommen. Sie hatten ihm beides versprochen und ihm so viel Liebe gegeben! Eigentlich nutzte er diese Leute doch nur aus, fand er. Er kam sich wie ein richtiger Egoist vor.

Als sie beim Frühstück saßen, gestand er Esther und dem Ältesten diese Gedanken. Cha versuchte, ihn zu beruhigen. „Du hast keinen Grund, dich zu schämen. Du befindest dich auf einem gefährlichen Einsatz für eine gute Sache. Unsere Rolle dabei besteht darin, Gott zu gehorchen, der uns die Mittel gegeben hat, Menschen wie dir zu helfen. Nein, du nutzt uns überhaupt nicht aus!“

Als Pil Soo sich fertigmachte, um zu gehen, reichte Esther ihm eine Stofftasche mit den Süßigkeiten und anderen Lebensmitteln sowie den Kleidungsstücken, die sie erstanden hatten, dazu einen Umschlag mit chinesischem

Geld. Er versuchte, ihr und dem Ältesten seine Dankbarkeit auszudrücken, aber je mehr er nach Worten suchte, umso hohler klangen sie.

Ältester Cha sagte zu ihm: „Als wir uns das erste Mal trafen, habe ich dir gesagt, dass Gott dich liebt und Pläne für dein Leben hat. Ich sage es dir jetzt noch einmal: Ich bete darum, dass diese Pläne sich erfüllen. Wir mögen nicht alle Einzelheiten wissen, was deine Reise betrifft, wir mögen nicht sehen, wohin der Weg führt, aber Gott wird uns immer genug Licht geben für den nächsten Schritt. Ich bin ganz sicher: Wenn du ihm nur vertraust und gehorchst, wird Gott dich als sein Werkzeug benutzen. Möge er dich segnen und behüten auf deinem Weg zurück zu deiner Familie."

Der Älteste schüttelte ihm kräftig die Hand, und Esther umarmte ihn so fest, als ob sie ihn nie mehr loslassen wollte. Eine solche Umarmung hatte Pil Soo noch nicht erlebt. Er lächelte, nahm seine Tasche, ging durch die Tür, die der Älteste für ihn aufhielt, nach draußen und marschierte zum Busbahnhof. Am Tag zuvor war Cha mit ihm dort gewesen, um zu sehen, wann sein Bus abfuhr. Pil Soo brach absichtlich etwas früher zum Busbahnhof auf; das gab ihm etwas Zeit, um auf dem Weg noch einmal in den Laden zu gehen und noch ein paar Süßigkeiten für seine Kinder zu kaufen.

Die dreistündige Busreise hatte zwei Höhepunkte für Pil Soo. Der erste bestand darin, dass er den Inhalt seiner Tasche durchging, versonnen lächelnd, als er sich vorstellte, wie seine Familie sich freuen würde. Der zweite kam, als er den Umschlag öffnete und sah, wie viel Geld seine Gastgeber ihm mitgegeben hatten. Dreimal zählte er das Geld – vorsichtig und so, dass niemand der anderen Fahrgäste etwas merkte –, um ganz sicherzugehen, dass er sich nicht vertan hatte. Dreimal kam er auf dieselbe Summe. Er staunte nur so. Das war ja mehr, als er in einem ganzen Jahr verdiente! Esther hatte gesagt, er solle nicht fragen, woher es kam. Kam es vielleicht von Gott?

Am liebsten hätte Pil Soo einen lauten Freudenschrei ausgestoßen. Oder einen Indianertanz im Mittelgang des Busses aufgeführt. Oder allen Reisenden von seinem Glück erzählt. Er wusste natürlich, dass das alles nicht ging, und so zwang er sich still zu sitzen.

Die lange Fahrt gab ihm die nötige Zeit, innerlich noch einmal alles durchzugehen, worauf er bei der Rückkehr nach Korea zu achten hatte. Er erinnerte sich an alles. Gut. Aber wie dies seine Art war, folgten auf die hoffnungsvollen Gedanken alsbald die Ängste. War dieses viele Geld, das er jetzt hatte, nicht auch gefährlich? Was, wenn ein Polizist seine Tasche durchsuchte? Wie sollte er ihm den Geldumschlag erklären? Außerdem war das Bündel, das er jetzt bei der Flussdurchquerung über seinem Kopf tragen musste, doppelt so schwer wie auf dem Hinweg, und das Geld war auch dabei. Ältester Cha hatte gesagt, er solle beten. Sollte er darum bitten, dass er mit all dem Geld sicher nach Hause kam? War das Beten?

Als der Bus die Endstation erreichte, sah ein erleichterter Pil Soo, dass seine Fluchthelfer schon auf ihn warteten. Beide hatten sie eine mittelgroße Tasche dabei – wahrscheinlich Lebensmittel und neue Kleidung. Damit niemand bei ihrem Gespräch zuhören konnte, gingen die drei ein Stück beiseite, wo sie für sich waren.

„Wie ist es bei euch gegangen?“, fragte Pil Soo.

„Gut“, erwiderte der Sohn. „Und bei dir?“

„Sehr gut. Diese Leute sind einfach unglaublich wunderbar.“

Die Frau unterbrach ihn, bevor er fortfahren konnte.

„Lass, erzähl uns nichts über sie! Es ist besser, wenn wir nicht zu viel übereinander wissen. Wenn einer von uns von der Polizei gefasst wird, ist es eine große Gefahr für die anderen, wenn er zu viel weiß. Das ist auch der Grund, warum wir dir nicht sagen, wie wir heißen.

Aber ich freue mich, dass es dir gut ergangen ist. Wie vereinbart, musst du mir ein Drittel deines Geldes und der Lebensmittel als Bezahlung geben. Die Hälfte davon geht an meinen Verwandten von der Grenztruppe. Das ist die einzige Möglichkeit, sicher über den Fluss zu kommen. Aber gib mir nichts, solange wir nicht in dem Haus sind."

Als sie das sichere Haus erreichten, war es später Nachmittag, was Pil Soo genügend Zeit für zwei Ruhepausen gab – eine vor und eine nach der nächsten üppigen Mahlzeit. Es schien eine Ewigkeit zu dauern, bevor es Zeit war, zum Fluss zu gehen, aber als sie aufbrachen, verschwand Pil Soos Nervosität. Am Tumen schlichen sie die Böschung hinunter. Nach kurzem Warten hielt die Frau ihre eine Hand hoch, zum Zeichen, dass es so weit war. Sie ließ kurz ihre Taschenlampe aufblitzen. Die drei warteten mit angehaltenem Atem – viel zu lang, wie es ihnen vorkam. Dann kam das Antwortsignal.

Um seine Siebensachen trocken zu halten, hatte Pil Soo sie in einer wasserdichten Tasche verpackt, die Esther ihm gekauft hatte. Eine ausgezeichnete Idee, wie er sich schon mehr als einmal gesagt hatte.

Als sie sich der Mitte des Flusses näherten, sahen sie, wie sich im Wasser vor ihnen etwas bewegte. Ein paar Schritte weiter konnte Pil Soo die Silhouetten von drei Menschen ausmachen. Die drei schienen sie zuerst gesehen zu haben, denn sie nahmen direkt Kurs auf sie. Pil Soos Herz wollte ihm aus der Brust springen.

Die drei Schatten kamen immer näher. Jetzt wurden sie langsamer. Die Frau flüsterte: „Keine Angst. Sagt nichts, geht weiter."

Jetzt sah Pil Soo, dass die drei Personen, die ihnen entgegenkamen, Frauen waren. Die beiden Trios nahmen weiter keine Notiz voneinander.

Große Erleichterung. Doch gleich darauf kam die Angst um die drei Frauen. In den letzten Jahren hatten die Menschen in Nordkorea furchtbare Geschichten über das Los von Flüchtlingen gehört, die nach China gegangen waren. Man munkelte von finsteren Chinesen, die sich den Nordkoreanern als Helfer anboten, nur um sie einzusperren und später als Sklaven zu verkaufen – oder die sie umbrachten und dann ihr Blut auf dem Schwarzmarkt verkauften. Und viele Frauen aus Nordkorea lebten jahrelang mit chinesischen Männern zusammen – mal verheiratet, mal unverheiratet. Die aus diesen Verbindungen hervorgegangenen Kinder wurden chinesische Bürger, aber ihre Mütter blieben illegale Einwanderer.

Kaum ein Tag verging, ohne dass irgendwo Flüchtlinge von der chinesischen Geheimpolizei gefasst wurden. Die meisten der Frauen suchten ihr Glück in ländlichen Gegenden, die Männer eher in Städten, wo die Chance, Arbeit zu finden, größer war. Wer verhaftet und nach Nordkorea zurückgebracht wurde, wurde zwei Wochen lang oder noch länger unter schweren Foltern verhört. Die Fragen betrafen gewöhnlich den Aufenthaltsort der Flüchtlinge in China und die Personen, mit denen sie dort in Kontakt gestanden hatten – insbesondere Christen.

Die Geheimpolizei beider Länder konfiszierte das Geld, das sie bei den Flüchtlingen fand, sowie alles, was irgendeinen Informationswert hatte, wie zum Beispiel Telefonnummern, Adressen und die Namen von Personen und Orten. Manche der Grenzgänger versteckten das Geld vorsichtshalber, indem sie es zum Beispiel in dünne Plastikfolie wickelten und verschluckten. Dies stellte sicher, dass das Geld bei Leibesvisitationen nicht gefunden wurde. Nach Hause zurückgekehrt, schieden sie es in der Toilette wieder aus.

Pil Soo hievte sich aus dem eisigen Wasser heraus, zog sich wieder an. Dann verabschiedete er sich mit einem kurzen Winken von seinen Helfern und machte sich auf den Weg nach Hause, wo er nicht vor dem späten Nachmittag eintreffen würde. Als er in dem Bus saß, der ihn zurück in seine Stadt brachte, musste er immer wieder an die drei Frauen denken, denen sie im Fluss begegnet waren. Er konnte nur hoffen, dass sie genauso viel Glück haben würden wie er. Er hätte in Nordkorea sterben können, ohne je zu erleben, was China ihm und seiner Familie zu bieten hatte. Was war er die ganzen Jahre dumm gewesen!

Er grübelte und grübelte. Und irgendwann während dieser Busfahrt fasste er einen Entschluss: Er würde nicht aufgeben. Er wollte, er musste leben, und seine Familie auch! Er würde alles tun, um am Leben zu bleiben und für seine Familie zu sorgen. Er lachte innerlich, als er sich vorsagte: *Meine Entscheidung steht fest. Wieder!*

9. Das Abendessen

Trotz seiner Müdigkeit schritt Pil Soo schwungvoll aus, als er die staubige Straße zu seinem Haus entlangging. Wer ihn sah, musste denken, dass dieser Mann entweder betrunken war oder gerade beim Kartenspiel zwanzig Essensmarken gewonnen hatte. Er rief sich zur Ordnung: *Sei nicht zu fröhlich, sonst machen sich die Leute gleich ihre Gedanken.*

Pil Soo hatte vor, sich still und leise ins Haus zu schleichen, ohne dass Myung Hee ihn sah, um sie besser zu überraschen. Doch die Überraschung gelang nicht; sie stand schon da und wartete. „Was gibt's heute zu essen?", fragte er grinsend, als er in die Küche trat.

„Großmutter ist wieder auf dem Berg, um Gras zu schneiden. Warum grinst du wie ein kleiner Junge? Hat dein Freund dir etwas zu essen mitgegeben?" Myung Hee zeigte auf die Tasche, die er trug.

„Ja, ich habe etwas zu essen mitgebracht", antwortete Pil Soo leise. Er musste sich zwingen, keinen Freudenschrei loszulassen. „Aber das Essen ist nicht von meinem Freund."

Und dann tat er das, was er sich während der Busfahrt nach Hause wohl hundertmal vorgestellt hatte: Er öffnete die Tasche, holte langsam und genüsslich ein Stück nach dem anderen heraus und legte es auf den Tisch. Myung Hee begann, auf- und abzuhüpfen wie ein kleines Mädchen. Noch war nicht alles aus der Tasche heraus, aber sie wusste: Das hier war genug für eine Mahlzeit, von der die ganze Familie satt werden konnte!

Sie fiel ihm um den Hals und umarmte ihn ganz fest.

Dann sagte sie: „Hmm, was riechst du gut! Sogar dein Haar."

„Ich war in China", beichtete Pil Soo. „Ich war nicht bei meinem Freund. Das habe ich dir nur gesagt, damit du dir keine Sorgen machst."

Sie legte einen Finger auf seine Lippen und flüsterte: „Psst, nicht so laut." Beide wussten, dass die Schnüffler der Regierung überall waren. Wie ein nordkoreanisches Sprichwort sagt: „Die Wände haben Ohren."

Pil Soo, der sehr wohl sah, dass sie schon überlegte, welche Folgen es haben würde, wenn die Polizei ihnen auf die Spur kam, sagte fest: „Darüber braucht sich eine Frau keine Sorgen zu machen." Und er fing an, ihr von seiner Reise zu berichten. Er zeigte ihr auch das Geld und erzählte ihr ausgiebig vom Ältesten Cha und von Esther.

„Wenn wir das Haus verkaufen, haben wir jetzt genug Geld für Mutters Nudelsuppenküche", sagte er. Dann zog er eine Damenjacke aus der Tasche und bat Myung Hee, sie anzuprobieren. Sie saß wie angegossen. Myung Hee drehte sich anmutig im Kreis und fiel ihrem Mann wieder um den Hals.

Dann kam Pil Soos Mutter herein, und fünf Minuten nach ihr die Kinder. Pil Soo ließ sie alle am Küchentisch Platz nehmen, sagte, dass er ihnen etwas Wichtiges zu sagen hatte, und bedeutete ihnen, noch näher an den Tisch zu rücken. Die Sachen aus China waren inzwischen wieder in die Tasche zurückgewandert.

Er fing an: „Auch wenn ihr gleich vor Freude losschreien wollt – ihr müsst mir versprechen, ganz still zu bleiben." Dann zog er sechs kleine Päckchen aus seiner großen Tasche. Drei reichte er Sung Yeon, die anderen drei Dae Jin. Die beiden Kinder öffneten vorsichtig jedes der Päckchen, schauten hinein – und zogen ganze Hände voll Plätzchen und Bonbons heraus. Sung Yeons Augen wurden noch einmal so groß. Dae Jin warf den Kopf in den Nacken, wollte einen Indianerschrei loslassen und presste gerade noch rechtzeitig die rechte Hand auf den Mund.

Dae Jin sprach als Erster. „Ist das alles für mich? Darf ich gleich was davon essen?" Sung Yeon hatte eine andere Frage: „Wo kommt das alles her?"

„Ja, ihr dürft gleich was davon essen, aber nur ein bisschen", sagte Myung Hee. „Teilt es euch ein."

Wie seine Kinder lächelten und kicherten – es machte Pil Soo eine wohlige Gänsehaut. Er wusste nicht mehr, wie oft er sich diese Szene auf der Rückfahrt vorgestellt hatte. Als die große Tasche leer war und alle sich beruhigt hatten, berichtete er, wo er gewesen war. Und dass sie niemandem ein Wort darüber sagen durften, keine einzige Silbe. Er wusste, dass die Kinder nichts lieber getan hätten, als ihren Freunden von den Süßigkeiten zu erzählen, und so schärfte er ihnen dreimal ein, dass sie ihren Mund halten mussten, um nicht die ganze Familie in Gefahr zu bringen. Sie versprachen es ihm feierlich.

Bei dem mehr als reichlichen Abendessen beugte Pil Soo sich zu seiner Mutter und sagte: „In China habe ich eine Mahlzeit bekommen, bei der drei Sorten Fleisch auf den Tisch kamen – sogar Huhn!"

Seine Mutter schüttelte staunend den Kopf. „Ich habe in meinem ganzen Leben nur ein paar Mal Hühnerfleisch gegessen, und das war auf Hochzeiten."

Pil Soo bemerkte: „Und solange Kim Jong Il an der Macht ist, wirst du es nie wieder bekommen. Er zerstört unser Land!"

„Pil Soo", sagte seine Mutter, „sag nicht so etwas, und

schon gar nicht laut. Wenn die Nachbarn dich hören, kriegen wir gar nichts mehr zu essen. Vergiss nicht: Die Maus hört das Flüstern am Tag, und der Vogel hört es in der Nacht. Irgendjemand lauscht immer."

Myung Hee gebot den Kindern, das, was ihr Vater da gerade gesagt hatte, niemandem weiterzuerzählen, auch nicht ihren besten Freunden.

„Ist schon gut, Mutter", sagte Pil Soo. „Reden wir von etwas anderem. Morgen werde ich das Haus zum Verkauf anbieten. Wenn wir auch nur 3.000 Won dafür kriegen, haben wir genug für deine Nudelsuppenküche."

Der Großmutter stockte der Atem. Sie warf freudig die Hände hoch. Die Kinder, die überzeugt waren, dass Omas Nudelsuppe die beste auf der Welt war, klatschten kräftig Beifall.

„So hab ich mir das vorgestellt", sagte Pil Soo.

10. Das zweite Mal

Ein halbes Jahr später war Pil Soo wieder in China. Ältester Cha und Esther empfingen ihn herzlich. Er spürte: Zwischen ihnen und ihm gab es ein Band, das in den Monaten seiner Abwesenheit noch fester geworden war. Diesmal öffnete er seinen beiden Freunden sein Herz und erzählte von seinen tiefsten Ängsten, Hoffnungen und Gedanken. Die alte Befangenheit war gewichen. Er erklärte, dass er dieses Mal leider nur einmal übernachten konnte; mehr hatten seine Fluchthelfer nicht möglich machen können.

Am Abend, als sie zusammensaßen und ihren Tee tranken, bat Esther ihn, ihnen noch mehr über sein Leben und seine Heimat zu erzählen.

„Ja", sagte Pil Soo, „aber zuerst muss ich euch beiden für so vieles danken. Mit dem Geld, das ihr mir gegeben habt, konnten wir unser Haus verkaufen, in die Stadt ziehen und die Nudelsuppenküche anfangen, von der meine Mutter seit Jahren geträumt hat. Myung Hee, meine Mutter und die Kinder lassen ausrichten, dass sie euch sehr, sehr dankbar sind. Ich danke euch auch."

Esther nickte freundlich.

Pil Soo fuhr fort: „In der Schule und beim Militär haben sie mir diese sozialistische Ideologie eingetrichtert. Das machen sie mit jedem, aber in der Armee war es besonders schlimm. Aber um überhaupt überleben zu können, ist Nordkorea langsam ein Stückchen kapitalistischer geworden. Es gab wenige Arbeitsplätze und die Leute mussten irgendetwas unternehmen, um zu Geld zu kommen. Nach meiner Entlassung aus der Armee habe ich viele Menschen gesehen, die ihr Haus und ihren Besitz verkauften, um mit dem Erlös ihre eigene kleine Firma zu gründen."

„Ich habe gehört, dass es nach dem Tod von Kim Il Sung mit der Wirtschaft noch mehr bergab ging", sagte Esther. „Stimmt das? Wie ist es deiner Familie ergangen?"

„Nach dem Tod von Kim Il Sung im Juli 1994 hörte die Regierung auf, den Menschen täglich Essensrationen zu geben. Von 1996 bis 1998 sind etwa zwei Millionen Männer, Frauen und Kinder verhungert. In unserer Provinz sind in jedem Dorf täglich zwischen 30 und 50 Menschen gestorben. Die Leichen lagen buchstäblich auf den Straßen.

Es wurde so schlimm, dass ein Teil der Bevölkerung in die Berge flüchtete. Es waren meist Männer, und sie stahlen Frauen und Essen aus den Dörfern.

Die Ursachen dieser Hungersnot liegen zum Teil in der Mitte der Achtzigerjahre, als einer der schlimmsten Taifune in der Geschichte Südkorea verwüstete. Auch bei uns gab es Schäden, aber im Süden war es furchtbar. Damals sagte Kim Il Sung, der von einigen seiner Beamten gehört hatte, dass wir mehr als genug Lebensmittelvorräte hätten, er wolle Südkorea helfen. Entweder täuschte er sich, oder seine Beamten waren unfähig. Wie dem auch gewesen sein mag: Nordkorea schickte große Mengen an Lebensmitteln nach Südkorea, dazu jede Menge Zement, als Hilfe zum Wiederaufbau der Häuser. Danach merkte man auf einmal, dass es bei uns nicht mehr genug zu essen gab. Es zeigte sich auch, dass wir so viel Zement nach Südkorea geliefert hatten, dass wir selber zu wenig hatten. Ganze Bauprojekte mussten gestrichen werden. Menschen verloren ihre Arbeit, und der Hunger wurde schlimmer. Die Menschen waren zornig auf ihren ‚Großen Führer', aber was sollten sie machen? Wenn

Kim Il Sung sagte, dass die Erde eine Scheibe war, dann war die Erde eine Scheibe. Er hatte die Armee, er hatte die Waffen. Pausenlos versprach er uns, dass wir eines Tages in Palästen wohnen und jeden Tag die beste Fleischsuppe essen würden, aber dieser Tag kam nie.

Kim Il Sung war unser Führer, den wir zu fürchten hatten. Viele von uns fanden, dass er kein guter Führer war, aber niemand wagte, das laut zu sagen, um nicht hingerichtet zu werden.

An unseren großen Feiertagen bekam jeder zwei Kilo Maismehl geschenkt, und ein oder zwei Mal im Jahr konnte man damit rechnen, von seinem Arbeitgeber noch einmal ein oder zwei Kilo zu bekommen. Wer nicht arbeitete, bekam diese Extrarationen nicht.

In den Achtzigerjahren bekam ein berufstätiger Erwachsener täglich 650 Gramm Getreide. Ein Oberschüler bekam 550 Gramm, ein Grundschüler 400, ein Vorschulkind und ein Rentner 300. Wer für die kommunistische Partei oder die Regierung tätig war, bekam 600 Gramm Getreide, plus 60 Won, und das auch nach seiner Pensionierung. Man nannte das ‚Sechzig-sechzig'. Das ging so bis zum Ende der Achtzigerjahre.

In den frühen Neunzigerjahren bekamen wir in Nordkorea für einen Monat nur noch die Rationen für 20 Tage. 1993 und 1994 wurden sie auf 15 Tage gesenkt. 1995, ein Jahr nach Kim Il Sungs Tod, sanken die Monatsrationen auf fünf Tage, und in manchen Monaten gab es gar nichts.

Der ‚Große Führer' war in Wirklichkeit ein unfähiger Führer. Aber nach seinem Tod wurde es noch schlimmer. Bevor Kim Jong Il Präsident wurde, lebten die einfachen Leute in Nordkorea von Brei aus Maismehl. Es reichte nicht, um satt zu werden, aber wir brauchten wenigstens nicht mit leerem Magen zu arbeiten. Als Kim Il Sungs Sohn an die Macht kam, versprach er, mit aller Kraft für das Volk zu arbeiten. Aber der Hunger hatte unser Land im Griff. Und dann kamen auch noch mit die schlimmsten Überschwemmungen in der Geschichte Nordkoreas.

Zu allem Überfluss steckte Kim Jong Il über 90 Prozent der Staatseinnahmen ins Militär und in die Rüstung. Ein Großteil der jungen Elite arbeitete fürs Verteidigungsministerium, die besten Wissenschaftler wurden für das Atomwaffenprogramm des Regimes eingesetzt. All das zeigte, dass die Wirtschaft und das Los der Bevölkerung den Regierenden egal waren.

Wenn man Kim Jong Il hörte, hatten wir die besten Waffen und die beste Armee der Welt. Aber was hatten wir davon, wenn jeden Tag Bürger, ja sogar Soldaten verhungerten? Die Soldaten waren so hungrig, dass sie Schmieröl tranken, das für die Wartung ihrer Artilleriegeschütze und anderer Waffen gedacht war.

Und es war ja nicht nur so, dass Lebensmittel knapp waren. Ihr müsst verstehen, dass es bei der Verteilung der Lebensmittel viele Lecks gibt. Nehmen wir an, die Regierung teilt dem Ersten Bataillon seine Rationen zu. Der Hauptverwalter im Militär zweigt gleich etwas für sich ab, und der Verpflegungsoffizier des Ersten Bataillons bedient sich ebenfalls. Die Soldaten bekommen den Rest, und der reicht nie.

Die Regierung unternahm nichts, um die Lage zu verbessern. Man sagte den Soldaten, dass sie halt selber für ihr Essen sorgen sollten, und so fingen sie an, bei Bauern zu stehlen und Häuser zu plündern. Manche überfielen sogar Zivilisten und töteten sie, um an ihre Lebensmittel zu kommen. Also ist die Armee jetzt im ganzen Land verhasst. Manche sagen sogar, wenn es je einen Krieg gibt, werden die Bürger unsere Soldaten töten, bevor der Feind sie töten kann."

Esther stöhnte.

„Solange Kim Il Sung noch an der Macht war, blieben diese Dinge bei der Regierung nicht unbemerkt. Soldaten, die Verbrechen gegen Zivilisten begingen, wurden schwer bestraft. Aber seit Kim Jong Il an der Macht ist, schützt niemand mehr die Zivilbevölkerung. Kim Jong Il sagt, er braucht keine Zivilisten, er braucht nur seine Armee, die ihn und das Regime stützt. Wie töricht, so zu denken! Die Söhne und Töchter der hungernden Zivilisten sind doch die Zukunft der Armee. Wenn sie verhungern, ist deren Zukunft auch verloren.

Nur die Kinder hoher Beamter dürfen an der Kim-Il-Sung-Universität in Pjöngjang studieren. Sie wohnen in besonderen Vierteln, völlig abgeschottet vom Rest der Gesellschaft. Ich bin sicher: *Sie* brauchen nicht zu hungern."

Pil Soos gequälter Gesichtsausdruck sagte dem Ältesten Cha, dass es Zeit war, das Thema zu wechseln. Er fragte: „Was machst du beruflich?"

„Nach meinem Militärdienst arbeitete ich fünf Jahre lang für diese staatliche Baufirma, von der ich euch das letzte Mal erzählt habe. Danach arbeitete ich drei Jahre für eine Firma, die Abwasserkanäle baute. Als das vorbei war, fing ich an, Tofu und Nudeln zu verkaufen. Das funktionierte nicht, weil so viele Leute einfach nicht zahlten. Und dann kam die Möbelfabrik."

Esther sah Pil Soo voller Mitgefühl an. Sie sagte, bis jetzt habe sie noch gar nicht gewusst, dass es in Nordkorea *so* schlimm war. Dann wechselte sie das Thema und erzählte: „Pil Soo, seit deinem ersten Besuch bei uns haben wir jeden Tag für dich gebetet."

„Danke“, erwiderte Pil Soo. „Und ich habe viel darüber nachgedacht, was ihr mir das letzte Mal gesagt habt. Ehrlich gesagt, das meiste verstehe ich nicht. Es war gerade so, als ob ihr in einer anderen Sprache gesprochen hättet. Sagt mir: Zu wem betet ihr da eigentlich? Mal sagt ihr, dass ihr zu ‚dem Vater‘ betet, dann betet ihr wieder zu ‚Jesus, seinem Sohn‘, und dann sagt ihr, ich soll dem ‚Heiligen Geist‘ folgen.“

„Da erinnerst du dich ganz richtig“, antwortete Ältester Cha. „Es ist nicht ganz leicht zu begreifen, dass wir einen dreieinigen Gott anbeten. ‚Dreieinig‘ heißt, dass Gott gewissermaßen aus drei Personen besteht, die aber doch Einer sind. Gott ist gleichzeitig der Vater, der Sohn und der Heilige Geist.

Das mit der Dreieinigkeit Gottes ist so ähnlich wie mit dem Wasser. Auch Wasser hat drei Erscheinungsformen. In seinem flüssigen Zustand ist es das Wasser im Meer und das Wasser, das wir trinken. Wenn man es zum Kochen bringt, wird es zu Dampf. Und wenn es gefriert, wird es Eis. Diese drei Zustände des Wassers – Wasser, Dampf und Eis – sind gewissermaßen die Dreieinigkeit des Wassers. Das Beispiel des Wassers zeigt uns: Es ist durchaus möglich, dass eins drei sind und drei eins.“

Das Gesicht von Pil Soo, der aufmerksam zugehört hatte, verzog sich unvermittelt zu einem breiten Grinsen. „Dann hat unser Regime auch eine Dreieinigkeit. Kim Il Sung ist der Vater, Kim Jong Il ist der Sohn, und die offizielle *Juche*-Ideologie ist der Heilige Geist.“ (Das Wort „Juche“ kann man grob mit „Selbstständigkeit“ übersetzen. Es steht für ein Denken, das so viel besagt wie: „Sei unabhängig und autark. Sei dein eigener König.“)

Der Älteste Cha und Esther mussten über Pil Soos Vergleich lächeln. Dann nahm Cha seinen Gedankengang wieder auf: „Gott der Vater sandte seinen Sohn in die Welt, um am Kreuz zu sterben, damit wir, von den Fesseln der Sünde befreit, wirkliches Leben bekommen können. Du erinnerst dich, dass wir vom Tod von Jesus gesprochen haben. Er ist eines der vielen Paradoxe, die den christlichen Glauben so schön machen. Vor seinem Tod und seiner Rückkehr in den Himmel versprach Jesus, dass er seinen Freunden einen ‚Tröster' schicken würde. ‚Tröster' ist ein anderer Name für den Heiligen Geist, und der Tröster oder Heilige Geist hat unter anderem die Aufgabe, für uns einzutreten, wenn wir beten, denn wir sind ja nur sterbliche Menschen, die oft nicht recht wissen, was sie beim Beten sagen sollen und wie sie die Macht des Gebets richtig einsetzen können."

„Allmählich fügen sich bei mir ein paar Puzzle-Teile zusammen", meinte Pil Soo langsam, „aber das ganze Bild sehe ich immer noch nicht. Ich habe da eine Frage: Wenn das, was ihr sagt, wahr ist – warum gibt es dann keine Christen in Nordkorea? Wenn *ein* Land euren Gott gebrauchen könnte, wenn es ihn denn gibt, dann doch wohl unseres!"

„In deiner Heimat gibt es Tausende von Christen", sagte Esther. „Aber wie du dir vorstellen kannst, können sie ihren Glauben nicht öffentlich ausüben und müssen sozusagen in den Untergrund gehen. Leider sind viele von ihnen verhaftet worden. Man schätzt, dass etwa ein Drittel der 200.000 Insassen in euren Arbeitslagern Christen sind. Ältester Cha, bitte erzähle Pil Soo von Soon Ok Lee."

Cha begann: „Soon Ok Lee ist eine Frau aus Nordkorea, die für die Regierung arbeitete und völlig unschuldig sechs Jahre im Gefängnis und im Arbeitslager verbrachte, wo sie schwer misshandelt wurde. Nach ihrer Entlassung kam sie zum Glauben an Jesus Christus, und das lag daran, was sie bei den vielen mitgefangenen Christen erlebt hatte. Inzwischen lebt Soon Ok Lee außerhalb eures Landes und hat ein Buch über ihre Erfahrungen geschrieben. Sie berichtet dort, dass die Christen in dem Lager den Kopf ständig nach unten halten und auf den Fußboden starren mussten. Sie wurden schwer misshandelt, vor allem, wenn sie zum Himmel hochsahen.

Ihre Arbeit war so hart und ihre Essensrationen so klein, dass sie bald nur noch Haut und Knochen waren. Doch noch während sie misshandelt wurden oder starben, sangen diese Gläubigen Loblieder zu Gott, so laut sie konnten. Man gab ihnen die gefährlichsten Arbeiten, aber trotz aller Unterdrückung und Grausamkeit verleugneten sie ihren Glauben an Jesus Christus nie. Diese Christen sind ein mächtiges Zeichen dafür, wie eng das Band zwischen unserem himmlischen Herrn und uns werden kann. Aber das ist nur möglich, wenn wir die Macht des Gebetes erfahren, die Liebe Gottes und Jesu und den Trost und die Hilfe des Heiligen Geistes."

Esther und der Älteste sahen es Pil Soo an, wie ihre Worte ihn erstaunten. Sie verstummten und saßen eine Weile schweigend da.

Dann sagte Pil Soo – und seine Stimme klang fast feierlich: „Wenn ich das jetzt nicht von euch hören würde, würde ich es nicht glauben. Ich weiß nicht, was ich denken soll. Was ihr mir da über den christlichen Glauben sagt, beeindruckt mich tief. Das mit den Misshandlungen im Gefängnis kann ich gut glauben; jeder weiß, dass es in den Gefängnissen und Lagern brutal zugeht. Aber wie kann es in einem nichtchristlichen Land so viele Christen geben?"

Ältester Cha schien auf diese Frage nur gewartet zu haben. „Nordkorea ist erst, seit Kim Il Sung an die Macht kam, ein atheistisches Land", erklärte er. „Es gab eine Zeit, da waren 80 Prozent der Einwohner von Pjöngjang Christen. Man nannte die Stadt ‚das Jerusalem des Ostens'. Sogar Kim Il Sungs Mutter soll Christin gewesen sein.

Und in unseren Tagen wenden sich viele Menschen in deinem Land wieder Jesus zu. Die Kirche in Nordkorea ist eine Untergrundkirche, aber sie ist stark und lebendig. Es gibt junge Nordkoreaner, die immer wieder über die Grenze nach China gehen. Für ihre Rückreise nehmen sie dann eine Tasche mit Lebensmitteln, ein paar Bibeln und etwas für die Grenzwächter mit. Gott benutzt diese jungen Christen, um sein Evangelium zu verbreiten."

„Was mich am meisten erstaunt, ist, dass es in meiner Heimat so viele Christen geben soll", sagte Pil Soo. „Ich hatte gedacht, ich tue mich deswegen so schwer mit eurem Glauben, weil ich halt ein Nordkoreaner bin. Und dann habe ich von mir auf andere geschlossen und gedacht, dass alle Menschen in Nordkorea das mit dem Christentum nicht verstehen können. Und jetzt sagt ihr also, dass sehr viele es vollkommen verstehen. Darüber muss ich in Ruhe nachdenken."

11. Der dritte Besuch

Es dauerte fast ein ganzes Jahr, bis Pil Soo seine dritte Reise nach China machte. Er wollte jetzt unbedingt mehr über das Beten erfahren und verbrachte einen großen Teil seines zweitägigen Besuches damit, mehr über diesen wichtigen Ausdruck des christlichen Lebens herauszufinden. Ältester Cha und Esther gaben ihm gerne Auskunft. Beim Frühstück, Mittagessen und Abendessen und immer wieder zwischendurch erzählten sie ihm von ihren Erfahrungen und beantworteten seine Fragen. Mit Freude sahen sie, wie wissbegierig Pil Soo war, und Pil Soo entdeckte zufrieden, dass sein Kopf aufnahmebereiter war als früher und dass er mit dem, was er da hörte, immer mehr anfangen konnte.

Ältester Cha erwähnte die, wie er es nannte, fünf Finger des Gebets: „Eine nützliche Hilfe zum Beten sind die fünf Finger an deiner Hand. Der Daumen ist deinem Herzen am nächsten und erinnert dich daran, für die Menschen zu beten, die dir am meisten am Herzen liegen – also deine Frau, deine Kinder, Enkel, Eltern und Freunde.

Der Zeigefinger ist der Finger der Autorität; mit ihm gibt man Anweisungen. Die Bibel fordert uns auf, für die zu beten, die Autorität über uns haben: den Präsidenten, die Regierung, die Beamten und Behörden, aber auch die Pastoren und führenden Laien in der Kirche.

In manchen Kulturen benutzt man den Mittelfinger, um jemanden zu verfluchen. Jesus hat gesagt, dass wir unsere Feinde nicht verfluchen, sondern stattdessen für sie beten sollen.

Jeder Klavierspieler wird dir sagen, dass der vierte Finger, der Ringfinger, der schwächste Finger ist. Er erinnert uns daran, für die Schwächsten in unserer Stadt und unserer Welt zu beten. Wir beten für die Obdachlosen, die Kranken, die Gefangenen, die Verfolgten, die Süchtigen und Verlorenen.

Und schließlich erinnert unser kleiner Finger uns daran, wie unbedeutend wir sind und dass wir erst ganz zuletzt auch für uns selber beten sollen."

Pil Soo staunte nur so, wie viele Seiten das Gebet hatte. Er hatte das Beten vorher als etwas Einfaches, vielleicht sogar Primitives betrachtet. Aber was er hier hörte, das war – ja, Futter für die grauen Zellen.

„Man kann sich das Gebet als eine Art Telefongespräch vorstellen", erklärte Esther. „Wähle Gottes Nummer, freue dich, wenn du seine Stimme hörst, und unterbrich ihn nicht. Wenn wir hier auf der Erde einen Freund anrufen, fallen wir ihm ja auch nicht dauernd ins Wort, und genauso höflich sollten wir Gott gegenüber sein. Und da das Gespräch garantiert kostenlos ist, kann es ruhig etwas länger dauern.

Manchmal klagen die Menschen darüber, dass Gott nicht da zu sein scheint, wenn sie ihn ‚anrufen'. Solche Phasen erleben wir alle manchmal. Wir haben dann den Eindruck, dass Gott unsere Gebete nicht erhört – oder jedenfalls nicht so erhört, wie wir das gerne hätten. Ich glaube, jeder Christ kennt solche Durststrecken, wo Gott zu schweigen scheint und wir den Eindruck haben, dass er uns verlassen hat. Aber dann belehrt er uns eines Besseren – Gott sei Dank!"

Sie und Cha betonten auch, dass man Gott zu jeder Zeit und an jedem Ort „anrufen" kann. Sie sagten, dass es für manche Christen eine große Hilfe war, regelmäßige Gebetszeiten einzuhalten, und dass die meisten vor allem morgens beteten und sich so Kraft für den vor ihnen liegenden Tag holten.

Als Pil Soo wissen wollte, zu welchen Tageszeiten Jesus betete, erwiderten sie, dass er zu verschiedenen Zeiten betete; so stand es in der Bibel. Jesus betete allein, aber auch zusammen mit seinen Jüngern. Es kam vor, dass er die ganze Nacht hindurch betete, und er betete offenbar auch vor den Mahlzeiten. Manchmal betete Jesus früh am Morgen. Esther und Cha nannten ihm einige Stellen in der Bibel dazu.

Aber noch wichtiger als die Zeiten, zu denen Jesus betete, waren die Themen seiner Gebete. Jesus bat um alles Mögliche. Er betete, als er Angst hatte oder wenn er wichtige Entscheidungen treffen musste, aber auch einfach, wenn er müde war.

„Warum so viel beten?", fragte Pil Soo.

Esther antwortete: „Wie es in einem alten christlichen Lied heißt: ‚Bring alles im Gebet zu Gott.' Was uns wichtig ist, ist Gott auch wichtig. Jeder, der schon seit längerer Zeit im Glauben lebt, kann bestätigen, was für eine Macht das Gebet hat. Beten kann Menschenleben verändern, und es kann Antworten bringen, die uns auf wunderbarste Weise zeigen, dass Gott uns tatsächlich hört und für uns handelt. Beten ist der Motor der christlichen Gemeinde. Es ist der Grund dafür, warum der Glaube selbst in Nordkorea lebendig ist und die Christen dort trotz Strafen und Tod treu bleiben. Es ist undenkbar, *nicht* zu beten. Wer nicht betet, versagt sich den Zutritt zur größten Macht im Universum. Es kann absolut keinen Zweifel geben, dass das Beten das Rückgrat jedes Christen ist."

„Beantwortet Gott alle Gebete mit ‚Ja'?", fragte Pil Soo.

„Nicht immer. Aber mit unserem begrenzten menschlichen Verstand können wir nicht untersuchen, warum Gott ein Gebet erhört oder nicht erhört", erwiderte Esther. „Es gibt zahllose Fälle, wo es zuerst den Anschein hat, dass Gottes Antwort auf unsere Gebete hoffnungslos falsch ist, aber ein paar Tage, Wochen oder auch erst Jahre später merken wir auf einmal: Seine Antwort war genau richtig, sodass wir fassungslos davorstehen. Es gibt viele Fälle, wo wir für Kranke gebetet haben, und sie wurden nicht gesund. Warum beten wir trotzdem weiter für Kranke? Zum einen, weil Gott es will, und zum anderen, weil es so viele Fälle gibt, wo die Menschen tatsächlich geheilt werden – oft Heilungen, die richtige Wunder sind, wo der Arzt nur noch den Kopf schütteln kann oder etwas von ‚Spontanheilung' murmelt."

Ältester Cha warf ein: „Jetzt haben wir dir so viel über das Beten erzählt, dass du nicht mehr weißt, wo dir der Kopf steht." Pil Soo nickte lächelnd, und der Älteste fuhr fort: „Und doch haben wir das Thema gerade erst angekratzt. Beten ist ein unerschöpfliches Thema. Es hat so viele Aspekte, dass man sie gar nicht alle aufzählen kann."

„Ihr versteht das aber ganz gut", sagte Pil Soo. Sein Lächeln wurde breiter.

„Wir gönnen dir bald eine Pause", sagte Cha. „Aber noch kurz ein paar Worte darüber, wie wichtig das Gebet im Leben unseres Herrn Jesus war. Ich habe dir die Bibelverse aufgeschrieben, damit du sie selber nachlesen kannst." Er reichte Pil Soo einen Zettel. „Diese Bibelstellen zeigen dir, dass Beten für Jesus wichtiger war als Schlafen (Lukas 6,12), als Essen (Matthäus 4,2), ja sogar als seine Arbeit (Lukas 5,15-16). Aber wie sollst du es je schaffen, genug Zeit zum Beten zu haben? Nun, denke daran, dass sogar Jesus sich Zeiten zum Beten freihielt (Markus 1,35).

Und jetzt, Pil Soo, möchte ich, wenn du noch ein paar Worte mehr vertragen kannst, genau das tun, worüber wir gerade so lange gesprochen haben: beten. Nimmst du bitte meine Hand?" Er erhob sich, und die drei hielten sich an den Händen und neigten die Köpfe. „Lieber Herr, du hast uns diesen Augenblick hier geschenkt, wo wir innehalten und alles andere beiseitelegen, um dir zu danken für all das, was du für uns getan hast – für deine Gebetserhörungen, für deine Güte, Gnade und grenzenlose Liebe. Wir danken dir für die Kraft und den Trost deines Heiligen Geistes und für das Sterben deines Sohnes auf Golgatha, das alle unsere Sünden ausgelöscht hat. Und jetzt danken wir dir für Pil Soo, der seit über einem Jahr dein Wort hört und vielleicht an den Punkt gekommen ist, wo er sich entscheiden muss, ob er den Herrn Jesus in sein Leben aufnehmen kann oder nicht. Gib ihm Weisheit und die richtige Entscheidung."

Pil Soo sagte: „Ihr habt einmal den Ausdruck benutzt: ‚auf heiligem Boden stehen'. Wir sind hier in Esthers Wohnzimmer, aber ich fühle mich, als ob ich auf heiligem Boden stehe und als ob Gott jetzt, in diesem Augenblick, zu mir redet."

„Es war wunderbar bei euch", sagte Pil Soo, als er mit Esther und Cha am nächten Morgen beim Frühstück saß. „Wenn ich abends auf meinem Zimmer bin, denke ich ja immer noch einmal darüber nach, was ihr mir gesagt habt. Gestern Abend habe ich das auch gemacht, aber diesmal war es anders. Ich habe nämlich zum ersten Mal in meinem Leben ein längeres Gebet gesprochen. Und danach habe ich weiter nachgedacht, vor allem über die Wunder, die Jesus getan hat. Wer sonst hat je Wasser in Wein verwandelt? Wer hat je mit ein paar Worten einen tobenden Sturm gestillt? Wer sonst hat Blinde, Lahme und Aussätzige geheilt oder jemanden auferweckt, der schon drei Tage tot gewesen war? Und dann habe ich mich daran erinnert, dass Jesus selber ja am dritten Tag vom Tod auferstanden ist.

Wenn in der Geschichte der Menschheit irgendwann jemand auch nur *eines* dieser Wunder getan hätte – die Welt würde ehrfürchtig davorstehen. Dies hat mir bei meiner Entscheidung geholfen, und meine Entscheidung ist, dass ich an den Herrn Jesus glaube, dass ich glaube, dass er meine Sünden weggenommen hat, und dass ich ihm mein Leben geben möchte."

Ältester Cha sprang auf, trat zu Pil Soo und umarmte ihn, während er murmelte: „Danke, lieber Herr, danke, danke ..."

Bevor Pil Soo aufbrach, um nach Nordkorea zurückzugehen, gab Esther ihm den üblichen Umschlag, doch diesmal gab sie ihm auch zehn Exemplare des Neuen Testaments auf Koreanisch sowie zehn Broschüren, in denen der christliche Glaube kurz beschrieben und die Leser zu einer Entscheidung für Jesus aufgefordert wurden.

Zu Hause angekommen, lud Pil Soo mehrere Male Freunde zu einem gemütlichen Abend in einem Restaurant ein. Er zahlte immer für einen separaten Raum, damit sie etwas für sich sein konnten. Jetzt war er an der Reihe, den Menschen Gottes Wort zu bringen. Wie er erwartet hatte, verstanden seine Freunde das, was er ihnen sagte, kaum, obwohl er versuchte, es so einfach wie möglich auszudrücken. Aber sie waren immerhin so interessiert, dass sie ihm Fragen stellten:

„Wo wohnt Gott? Hinter den Bergen oder im Himmel?"
„Wie ist es im Himmel?"
„Kriegt man dort jeden Tag *Kimchee?*"
„Kommt Kim Jong Il auch in den Himmel? Dann will ich da lieber nicht hin."
„Du sagst also, es gibt in China und Südkorea, wo es den Menschen so viel besser geht als hier, Millionen von Christen. Warum werden wir nicht einfach alle Christen? Dann geht es vielleicht endlich aufwärts mit unserem Land."
„Wie können wir an einen Gott glauben, der aus einem fremden Land kommt, über das wir überhaupt nichts wissen?"
„Wie kannst du uns solche Dinge sagen? Wir dürfen in unserem Land doch gar nicht über Gott reden, und unsere Regierung sagt, dass es ihn gar nicht gibt."
Pil Soo spürte, dass sie sich zum Teil über ihn lustig machten, aber darauf war er vorbereitet. Als die Fragen und spitzen Bemerkungen vorbei waren, gab Pil Soo seinen Gästen (die er sich sorgfältig ausgesucht hatte) je eine Bibel oder eine Broschüre über den christlichen Glauben, und sie versprachen, sie zu lesen und darüber nachzudenken. Worauf sie ihn mit noch mehr Fragen löcherten, diesmal über China. Was hatte er dort erlebt, wie waren die Menschen, und vor allem: Was hatte er zu essen bekommen? Sie staunten Bauklötze, als er ihnen von den Mahlzeiten in dem Haus nahe der Grenze und in Esthers Haus erzählte, und als er ihnen auch noch sagte, dass in China selbst die Hunde Schweinefleisch und Reis fraßen, bekamen sie den Mund nicht mehr zu.

Während er nach diesen Abenden nach Hause ging, betete Pil Soo immer für jeden seiner Gäste. Zum Schluss betete er für Esther und den Ältesten Cha. Seine Freunde waren so skeptisch, musste er denken, aber das war er ja zuerst auch gewesen. Geduld. Er musste Geduld mit ihnen haben. Und weiter für jeden von ihnen beten.

12. Flucht

Eines Abends kam Kyung Jo zu Pil Soo, setzte sich zu ihm an den Tisch und sagte ernst: „Fast traue ich mich nicht, dir das zu sagen, aber die Sicherheitspolizei ist hinter dir her. Es scheint, sie hat Wind davon bekommen, dass du in China warst."

Pil Soo versuchte, die plötzliche Angst, die ihn packen wollte, abzuschütteln. „Wie haben die das rausgefunden? Ich war doch so vorsichtig. Hat einer meiner Freunde mich verraten? Das wäre ja – schrecklich."

„Das werden wir wohl nie erfahren", antwortete Kyung Jo. „Aber ein Freund von mir, der sich in diesen Dingen auskennt, hat mir gesagt, dass sie dich im Visier haben."

„Wenn sie mich fragen, ob ich in China war, sage ich einfach ‚Nein'!", sagte Pil Soo. „Die können nichts beweisen. Sie haben mich doch nicht an der Grenze erwischt, was können sie da machen? Die bluffen doch nur. Die sollen mir vom Leib bleiben! Lass uns von was anderem reden."

„So einfach ist das nicht. Du bist wirklich in Gefahr. Wir müssen uns eine Strategie überlegen!" Und genau das taten sie, bis tief in die Nacht, während Myung Hee in der Küche arbeitete und zuhörte.

Zweimal lud die Sicherheitspolizei Pil Soo zu einer Vernehmung vor, zweimal ging er nicht hin. Zuerst bildete er sich ein, es könne ihm nichts passieren. Aber dann berichtete Kyung Jo ihm, dass die Sicherheitspolizei auch Hinweise über seine religiösen Gespräche mit seinen Freunden bekommen hatte. Jetzt gab es schon zwei Beschuldigungen; das verschlechterte seine Lage schlagartig. Er wusste nur zu gut, dass ein Verhör bei der Sicherheitspolizei kein Gespräch bei einer Tasse Kaffee war, sondern dass man mit Brutalität und Folter zu rechnen hatte. Er merkte, wie er Angst bekam. Im Geiste sah er sich schon vor einem Exekutionskommando stehen.

Zwei Tage danach klopfte ein Beamter der Sicherheitspolizei an seine Tür. „Wir haben gehört, Sie waren in China", sagte er barsch.

„Wer hat Ihnen das erzählt? Die Leute, die so reden, sind bestimmt selber in China gewesen. Ich war nie im Leben dort."

„Wir haben Nachforschungen angestellt. Sie haben keine Wahl. Morgen früh werden Sie im Büro der Sicherheitsbehörde vorsprechen, sonst lassen wir Sie holen."

Als der Geheimpolizist gegangen war, trat Pil Soo langsam in die Küche. Er und Myung Hee sahen sich an. Dann sagte er, als ob er den Satz auswendig gelernt hätte: „Myung Hee, bitte mach heute Abend dein bestes Essen für die ganze Familie. Mach dir keine Sorgen wegen unserer Vorräte. Und bitte geh zum Markt und kaufe uns einen guten Wein."

„Aber Pil Soo, da geht ja das ganze Haushaltsgeld drauf", protestierte sie. Er nickte nur, und sie ging.

Am Abend genossen sie alle ein ungewöhnlich schmackhaftes Mahl, sogar seine Mutter, die meistens nicht viel aß. Als sie und die Kinder ins Bett gegangen waren, bat Pil Soo seine Frau, den Wein zu holen. Dies war ein denkwürdiger Abend, den sie gebührend begehen mussten, war es doch der letzte, den er je zusammen mit seiner Frau verbringen würde.

Pil Soo beugte sich über den Tisch und sah Myung Hee fest an. Dann sagte er: „Ich habe mich entschieden. Ich werde nach China flüchten, bevor sie mich umbringen oder für den Rest meines Lebens in ein Arbeitslager stecken."

Mit großen Augen setzte sie sich auf und starrte Pil Soo an. Dann sagte sie: „Ich habe mir auch meine Gedanken gemacht, die ganzen Tage schon, und habe auch eine Entscheidung getroffen. Wir gehen zusammen."

Jetzt war Pil Soo an der Reihe, zu staunen. An diese Möglichkeit hatte er noch gar nicht gedacht, aber er sah sofort, dass dies die beste Lösung war – die Lösung, die am meisten nach Gottes Willen war. Es war doch ganz einfach: Wenn sie starben, starben sie zusammen, und wenn sie es schafften, schafften sie es zusammen. Er schob langsam seine Hand über den Tisch, nahm Myung Hees Hand und drückte sie ganz fest.

13. Die offene Tür

Wir müssen Mutter und die Kinder wecken", sagte Pil Soo. „Sung Yeon kann hier bei Mutter bleiben, aber beide Kinder sind zu viel für sie; am besten bringen wir Dae Jin zu deiner Schwester. Wir müssen schnell machen, damit wir vor Sonnenaufgang fertig sind. Dae Jins Kleider stecken wir in die wasserdichte Tasche; die können wir dann anschließend gleich selber benutzen, wenn wir über den Fluss gehen. Komm, lass uns alle drei wecken, ihnen alles erklären und uns verabschieden. Einfach wird das nicht werden."

Pil Soos Mutter begriff sofort, worum es ging. Die Kinder nicht; sie hielten ihre Eltern schluchzend umklammert. Zum Haus von Myung Hees Schwester waren es anderthalb Kilometer Fußweg.

„Ich kann's selber noch nicht glauben", sagte Pil Soo zu seiner Schwägerin, als sie dort angekommen waren. „Wir werden versuchen, uns so bald es geht bei dir zu melden."

Dann kam wieder das Abschiednehmen, mit vielen Tränen und Umarmungen. Jetzt erfuhren Myung Hee und Pil Soo es am eigenen Leib, dass nichts so weh tut wie das verzweifelte Schluchzen des eigenen Kindes in der Dunkelheit der Nacht. Nur mit eiserner Willenskraft konnten Vater und Mutter sich dazu zwingen zu gehen. Pil Soo nahm die Tasche, und die beiden zogen los, in Richtung Freiheit.

Sie gingen zu Fuß zum Tumen, zu der Stelle, wo Pil Soo schon dreimal über den Fluss gegangen war, und warteten fast bis Mitternacht. Diesmal würde es keine Signale mit der Taschenlampe geben; sie mussten versuchen, es alleine zu schaffen. Pil Soo versicherte seiner Frau, dass er den Weg zu dem sicheren Haus, zum Busbahnhof und zu der Stadt, in der Esther und Ältester Cha wohnten, gut kannte.

Dann kam der Augenblick, wo sie lautlos ins Wasser stiegen. Sie waren unterwegs, und das allein hob Pil Soos Zuversicht schon um einiges.

„*Halt!*" Der Schrei ließ sie erstarren. Dann kam der blendende Strahl mehrerer großer Taschenlampen, und dann sahen sie die Silhouetten der vier Soldaten, die ihre Gewehre auf sie gerichtet hielten. Es waren nordkoreanische Soldaten. Als sie wieder aus dem Wasser stiegen, packten die Soldaten sie und zogen sie grob die Uferböschung hinauf. Der Albtraum der beiden war abrupt Wirklichkeit geworden.

Man legte ihnen Handschellen an, hievte sie in einen Wagen und fuhr sie zu einem nahe gelegenen Militärstützpunkt. Die nächsten drei Tage bekamen sie beide nichts zu essen; dafür wurden sie stundenlang verhört.

Pil Soo saß bei den Verhören meist auf einem Stuhl, während die Soldaten ihm direkt ins Gesicht schrien. Jedes Mal, wenn sein Kopf nach vorne sank, packte einer von ihnen ihn an den Haaren und riss ihn zurück, manchmal so heftig, dass er zur Erheiterung der Wachen vom Stuhl fiel. Wohl Hunderte von Malen forderten sie ihn auf, die Namen seiner Kontaktpersonen in China und der Orte, an denen er gewesen war, preiszugeben. Es war keine besonders raffinierte Verhörmethode. Offensichtlich wussten diese Grenzsoldaten nicht, wie man mit einem Gefangenen umging. Ihre ganze Strategie bestand darin, Pil Soo zu sagen: Wenn er ihnen die gewünschten Informationen über seine Verwandten oder Freunde in China gab, dürfte er zusammen mit Myung Hee über den Fluss, um ein paar Tage später mit Bestechungsgeld für die Grenzwächter zurückzukommen. Geld – das war es, was sie vor allem wollten.

Das Schlimmste an dieser Strategie war die Gewalt. Wenn ein Schlag gegen den Kopf Pil Soo nicht weich machte, taten es vielleicht zwei Schläge in seinen Magen. Oder wie war es mit drei Tritten in die Rippen? Sie schlugen ihn an allen möglichen Körperstellen mit einem schweren Holzstock, der so ähnlich wie ein Baseballschläger aussah – und sie nannten diese Prozedur auch „Baseball spielen". Blut? Das war nur der nächste Grund, um loszubrüllen vor Lachen, vor allem, wenn das Blut aus der Nase des Gefangenen schoss. Sie zwangen Pil Soo gleich noch, sein eigenes Blut zu trinken. Für die Soldaten war das beste Unterhaltung. Sie wechselte mit wachsender Frustration über einen Gefangenen, der sich weigerte, sich brechen zu lassen.

Nach den nordkoreanischen Gesetzen war es übrigens verboten, Gefangene, die sich in der Obhut des Militärs befanden, zu schlagen oder zu foltern. Aber seit Kim Jong Il Präsident war, war Papier noch geduldiger geworden, und man ignorierte diese Bestimmung.

In einem anderen Zimmer wurde Myung Hee verhört. Sie wurde nicht so misshandelt wie Pil Soo, aber es reichte. Abends steckte man die beiden für die Nacht zusammen in eine winzige Zelle. Myung Hee war jedes Mal entsetzt, wenn sie sah, wie die Wächter ihren Mann zugerichtet hatten. Immerhin durfte sie ihm das Blut aus dem Gesicht waschen. Sie brach jedes Mal in Tränen aus, wenn sie Pil Soo sah, und weinte sich in den Schlaf. Pil Soo weinte nicht. Er wurde immer wütender und sagte: „Wenn ich lebendig hier rauskomme, werde ich ihnen alles heimzahlen, warte nur!"

Als die Wächter zu dem Schluss kamen, dass mit diesem Paar nichts Nützliches für die Nationale Sicherheitsbehörde anzufangen war, informierte ihr Vorgesetzter Pil Soo und Myung Hee, dass man sie am folgenden Tag ins Gefängnis der Sicherheitszentrale in Pjöngjang überstellen würde. „Dort werdet ihr durch intensive Arbeit ideologisch aufgebaut werden. So verlangt es die Partei."

Als sie an diesem Abend wieder in ihrer Zelle alleine waren, flüsterte Pil Soo seiner Frau zu: „Pjöngjang ist das Todesurteil. Wir müssen etwas unternehmen, sonst ist es zu spät."

Er staunte, als sie antwortete: „Ja, wir müssen noch heute Abend versuchen, zu fliehen." Wie ruhig sie das sagte!

Ihre Zelle hatte ein einziges, winziges Belüftungsfenster, das direkt unter der Decke lag. Offenbar war dies der einzige Fluchtweg – wenn sie es denn schafften, dort hinauf- und hindurchzukommen. Aber würden sie durch die kleine Öffnung passen?

Der einzige andere Ausgang war die Tür, die aus Stahl und immer verschlossen war. Jeden Abend postierten sich die Wächter davor, bis sie sich setzten und schließlich einschliefen.

Zum letzten Mal lasen Myung Hee und Pil Soo langsam den Text, den ein früherer Insasse an die Wand gekritzelt hatte: „Ich leide zu Unrecht. Ich bin über den Tumen gegangen, um Medikamente für meine kranke Mutter zu holen, und jetzt muss ich sterben. Wie ungerecht ist die Welt!"

Dann hockte Pil Soo sich in der hintersten Ecke der Zelle hin. Er betete leise, so inbrünstig wie nie zuvor. Sein Gebet endete mit den Worten: „Gott, wenn du uns hilfst, hier herauszukommen, will ich für immer für dich leben und deinen Willen tun!"

Myung Hee flüsterte rau ein „Amen".

Pil Soo umarmte sie. Dann legten sie sich leise einen Plan zurecht. Die Wächter wurden, wie jede Nacht, mit jedem Schluck Alkohol lauter. Pil Soo und Myung Hee schliefen bis ungefähr zwei Uhr morgens. Jetzt war es so weit; sie mussten handeln. Sie hatten sich überlegt, dass der einzige Weg hinaus durch das Fenster führte. Aber jetzt sagte eine innere Stimme Pil Soo: *Versuch die Zellentür!* Er tat es, und zu seinem großen Erstaunen ließ sich die Tür, die die Wächter jeden Abend mit einem großen Vorhängeschloss verschlossen hatten, mit einem leichten Schubs öffnen. Von den Wächtern war nichts zu hören.

Pil Soo kauerte sich neben die Tür, Myung Hee direkt hinter ihm. Er hielt die Tür einen Spalt offen, sodass er in den Gang schauen konnte. Wo war der Wächter? Da lag er, an die Tür gelehnt, und schlief. Sollten sie einfach auf Zehenspitzen um ihn herumgehen? Aber das war zu riskant. Pil Soo saß da und wartete. Er war so angespannt, dass er kaum Luft holen konnte.

Nach vielleicht einer halben Stunde schrie ein Wächter aus der nahe gelegenen Kantine: „He! Ich brauch Feuer für meine Zigarette!" Der Wächter an ihrer Tür war gerade aufgewacht und hatte sich auf die andere Seite gerollt. Er hörte den Ruf, stand auf und schlurfte in Richtung Kantine. Das war ihre Chance!

Pil Soo und Myung Hee wussten nicht, ob mehrere Wächter wach waren. Aber sie wussten: Dies hier war die Chance, um die sie gebetet hatten. Pil Soo öffnete die Tür ein wenig weiter, sah, dass keine anderen Wächter da waren, und gab mit seiner rechten Hand Myung Hee ein Zeichen, ihm zu folgen. Sie glitten durch die Tür, und Myung Hee verschloss sie.

Ein paar Sekunden später waren sie an der Rückseite des

Gebäudes. Erst jetzt merkten sie, dass es regnete. Und sie sahen die fast zwei Meter hohe Mauer, die wie ein Berg zwischen ihnen und der Welt draußen lag. Pil Soo fand rasch die Lösung: Er kletterte auf Myung Hees Schultern, kam so auf die Mauerkrone und zog Myung Hee nach. Keine Minute, und sie hatten die Mauer überwunden.

Auf der anderen Seite angekommen, duckten sie sich, um die Gegend zu erkunden. Was sie sahen, hätte nicht besser sein können: ebene Felder und Wiesen, so weit das Auge in der Dunkelheit reichte, ideal zum Laufen. Sie rannten los, so schnell sie konnten. Als ihre Nervosität sich legte, drosselten sie das Tempo und fielen in einen raschen Gehschritt. Es zeigte sich, dass der Fluss kaum anderthalb Kilometer entfernt war.

Am Ufer hielten sie an und baten Gott, sie weiter zu bewahren. Dann ging es hinein ins Wasser, die Kleider als Bündel auf dem Kopf. Sie erreichten sicher das chinesische Ufer und zogen sich wieder an. Pil Soo flüsterte seiner Frau zu: „Gott hat uns geholfen zu fliehen. Er hat uns gerettet." Sie umarmten sich fest und lange und begannen den Marsch zu dem sicheren Haus. Die verschlafenen Besitzer ließen sie ein, hörten sich ihre Fluchtgeschichte an, gaben ihnen zu essen und zu trinken und ein Nachtlager. Am Morgen gaben sie ihnen ein Frühstück und liehen ihnen Geld für den Bus.

Während der dreistündigen Fahrt in die Stadt, wo Ältester Cha und Esther wohnten, sagte Pil Soo zu Myung Hee: „Du hast mich gestern Nacht überrascht."

„Warum?"

„Dein ‚Amen' in der Zelle war für mich das allererste Zeichen, dass du das, was ich dir über den christlichen Glauben gesagt habe, aufgenommen hast. Und bevor wir in den Fluss gingen, hast du so wunderbar gebetet. Wie kamst du dazu?“

Myung Hee sah ihrem Mann zärtlich in die Augen: „Durch dich. Als du über deinen neuen Glauben geredet hast, habe ich gemerkt, wie er dich veränderte. Und je mehr ich über deine Worte nachdachte, umso mehr Sinn ergaben sie. Ich hatte so viele Fragen, aber dass Gott wirklich existiert und dass es einen Sinn im Leben gibt – das war so wunderbar. Dass ich mich jetzt auf ihn verlassen und zu ihm beten kann, bedeutet mir so viel. Du weißt schon, was ich meine. Du hast ja dasselbe mitgemacht wie ich – dass die Kinder vor Hunger weinen, dass wir kein Geld haben, dass unsere Freunde wie die Fliegen sterben. Sollte das etwa alles sein, was das Leben zu bieten hat? Lohnte es sich dann überhaupt noch, weiterzuleben? Aber in Gott gab es auf einmal Hoffnung. Danke, dass du mir das gezeigt hast.“

Pil Soo musste nach Worten suchen. Schließlich sagte er: „Danke nicht mir. Danke Gott. Und Esther und dem Ältesten Cha. Und ich danke dir für jedes Wort, das du gerade gesagt hast.“

14. Bange Monate

Pil Soo hatte ihr bereits viel über Esthers Haus erzählt, aber als Myung Hee es mit eigenen Augen sah, wurde sie fast andächtig. Es war nicht zu glauben, was es in diesem Haus alles gab: eine Maschine, die Kleider von selber wusch, und eine andere, die sie gleich trocknete. In der Küche eine Vorratskammer, die so voll war, wie sie es noch nirgends gesehen hatte. PVC-Fußböden. Einen Couchtisch aus echtem Holz, einen Esstisch, Porzellanfiguren chinesischer Menschen in verschiedener Tracht. Esther zeigte und erklärte ihr alles, und Myung Hees Mund wollte nicht zugehen. Dann stand sie, jetzt schweigend, vor den Familienbildern an der einen Wohnzimmerwand. Wie geschmackvoll sie gerahmt waren. Und wie viel schöner sie waren als die Führer-Bilder von Kim Il Sung und Kim Jong Il zu Hause.

Was das Essen betraf, das Esther und ihre Tochter auftrugen, musste Myung Hee ihrem Mann recht geben, dass es „riesig viel war und riesig schmeckte". Sie dankte ihrer Gastgeberin mit ausgesuchten Worten für das köstlichste Mahl, das sie je bekommen hatte. Dass es so köstlich war, lag nicht nur daran, dass sie seit Jahren hungerte, sondern auch an dem Hühnerfleischgericht, das Esther extra für ihre Gäste gekocht hatte.

Und bei noch etwas anderem musste Myung Hee ihrem Mann recht geben: Die anfängliche Befangenheit in all diesem Luxus war nach einer Stunde so gut wie verflogen; Esther, ihre Tochter und der Älteste waren keine Angeber, sondern Menschen.

Als die fünf sich zum Abendtee an den Wohnzimmerofen setzten, hatten Myung Hee und Pil Soo den größten Teil ihrer Fluchtgeschichte erzählt. Jetzt fügte Myung Hee hinzu: „Als wir das andere Ufer erreichten, sagten wir beide dasselbe: ‚Das hier ist ein Wunder. Gott hat uns vor dem sicheren Tod gerettet. Er wird uns auch unsere Kinder wiedergeben.‘ Den Rest unseres Lebens möchten wir für ihn da sein. Ich wollte euch das nur sagen, damit ihr wisst, wie dankbar wir Gott sind."

Esther meinte: „Es ist gut, dass wir wissen, ihr habt angefangen, als Christen zu leben. Danke für alles, was ihr gesagt habt. Während ihr euch vor dem Essen gewaschen habt, haben Ältester Cha und ich uns darüber unterhalten, wie ähnlich euer Erlebnis in der letzten Nacht einer Begebenheit in der Bibel ist, in der Apostelgeschichte. Cha, wärst du so gut und liest uns den Abschnitt eben vor?"

„Gerne", sagte Cha. „Falls unsere Gäste die Geschichte noch nicht kennen, noch etwas zur Einleitung: Es geht in ihr um zwei der bekanntesten Christen in der frühen Kirche – Paulus und Silas. Sie wurden bei einem Volksaufruhr ins Gefängnis gesteckt. Ich lese Apostelgeschichte 16, ab Vers 22: ‚Da stellte sich die aufgehetzte Menschenmenge drohend gegen Paulus und Silas, und die obersten Beamten der Stadt ließen den beiden die Kleider vom Leib reißen und sie auspeitschen. Nachdem sie so misshandelt worden waren, warf man sie ins Gefängnis und gab dem Aufseher die Anweisung, die Gefangenen besonders scharf zu bewachen. Also sperrte er sie in die sicherste Zelle und schloss zusätzlich ihre Füße in einen Holzblock ein. Gegen Mitternacht beteten Paulus und Silas. Sie lobten Gott laut, und die übrigen Gefangenen hörten ihnen zu. Da erschütterte plötzlich ein gewaltiges Erdbeben das ganze Gefängnis bis in die Grundmauern; alle Türen sprangen auf, und die Ketten der Gefangenen zerbrachen.‘

Die Bibel berichtet weiter, dass der Gefängnisdirektor in Panik geriet und sich umbringen wollte, weil er dachte, alle Gefangenen seien geflohen. Die Bibel erzählt, dass Paulus und Silas ihn und seine ganze Familie auf der Stelle zu Jesus Christus führten. Der Gefängnisdirektor versorgte ihre Wunden, und am Morgen ließen die fassungslosen Stadtoberen Paulus und Silas frei."

Pil Soo warf den Kopf zurück und rief aus: „Das ist ja fast so wie bei uns!"

„Ja. Und vier Kapitel vorher steht eine weitere Geschichte, wo jemand aus dem Gefängnis entkommt", sagte Ältester Cha. Er drehte sich zu Miriam, Esthers Tochter, hin und fragte: „Möchtest du uns das vorlesen?"

Miriam erwiderte: „Ich muss bald zurück zu meiner Familie, lass es mich kurz erzählen." Der Älteste nickte, und Miriam fuhr fort: „In diesem Beispiel geht es um den Apostel Petrus. Er war ebenfalls im Gefängnis und dazu an zwei Wächter angekettet. Draußen vor der Zellentür bewachten ihn noch zwei Soldaten. Am Morgen wollte König Herodes ihm den Prozess machen und ihn zum Tode verurteilen; er hatte gerade erst einen anderen Apostel enthaupten lassen.

Aber die Gemeinde hörte nicht auf, für Petrus zu Gott zu beten. Nun, mitten in der Nacht wurde Petrus von einem Engel geweckt. Der Engel führte ihn an den vier Wachen vorbei und durch das Gefängnistor in die Stadt. Petrus war ein freier Mann – weil andere für ihn gebetet hatten und Gott eingegriffen hatte."

„So wie Petrus möchte ich auch werden", sagte Pil Soo. „Von jetzt ab möchte ich ‚Peter' heißen."

Myung Hee fügte hinzu: „Und ich bewundere Maria so sehr, dass ich in Zukunft ‚Maria' heißen möchte."

Die beiden waren zu dem Schluss gekommen, dass sie sich durch ihren neuen Glauben innerlich so verändert hatten, dass sie auch gleich ihre Namen ändern konnten, als äußeres Zeichen ihres neuen Lebens mit Gott.

Nun waren sie also in China. Aber wo sollten sie wohnen? Esther bot Myung Hee und Pil Soo an, bei ihr zu bleiben, und sie und der Älteste umsorgten sie mit Rat, Trost, Gebet und vielem mehr. Esther erinnerte sich daran, dass Myung Hee gerne Äpfel aß, und so kaufte sie ein paar Äpfel und dazu Bananen. Nachdem sie die meisten Äpfel gegessen hatte, probierte Myung Hee zum ersten Mal in ihrem Leben eine Banane. Bald war die Banane verschwunden. Nicht anders erging es den Orangen, die Esther ihr zum Probieren gab.

Bei ihren gemeinsamen Einkäufen führte Esther sie als Erstes in die Geheimnisse zweier Artikel ein, die sie noch nie gesehen hatte: Damenbinden und Pampers. In Nordkorea benutzte man einfach Baumwolltücher. Und dann erst Toilettenpapier – der reine Luxus!

Das dringendste Anliegen von Pil Soo und Myung Hee war, wie sie Pil Soos Mutter und die Kinder aus Korea nachholen konnten. Ältester Cha und Esther kannten zahlreiche Kontaktpersonen, die helfen konnten, aber wirklich sicher war auf diesem Gebiet nichts. Ein kleiner Fehler, und es konnte eine Katastrophe geben, die Menschen das Leben kostete.

Sie erklärten das behutsam Pil Soo und seiner Frau. Sie sagten ihnen auch, dass seit Kurzem auf beiden Seiten der Grenze verstärkt Anstrengungen unternommen wurden,

Flüchtlinge abzufangen. Die vier beteten aus tiefstem Herzen, vor allem Pil Soo und Myung Hee, die nur zu gut wussten, dass sie Gott um nicht weniger als ein zweites Wunder baten.

Die Freude war riesengroß, als nur einen Monat nach ihrer Flucht die Nachricht kam, dass Pil Soos Mutter und das Mädchen, Sung Yeon, in China waren. Aus Sicherheitsgründen wohnten sie bei einem anderen Ehepaar in einer Nachbarstadt. Von Dae Jin gab es keine Nachricht, außer, dass er nach wie vor in Korea bei seiner Tante war, da die Großmutter nicht die Kraft hatte, zwei Kinder gleichzeitig mit auf die Flucht zu nehmen.

Vom ersten Tag in Esthers Haus an nahmen Myung Hee und Pil Soo an den Gottesdiensten der kleinen Hausgemeinde teil, die sich im Obergeschoss traf. In der Mitte der Woche traf man sich zu Bibelstudium und Gebet, am Sonntag zu einem Gottesdienst, bei dem meist Esther die Predigt hielt. Die meisten der gut zwanzig Teilnehmer waren ältere Leute, und alle waren sie stark im Glauben und im Gebet und großzügig bei der Kollekte. Die warme Liebe dieser Christen war genau das, was Pil Soo und seine Frau brauchten. Eine weitere Hilfe, in ihrem neuen Glauben Fortschritte zu machen, waren die zahlreichen Reisen zu Gottesdiensten anderer Hausgemeinden, die sie zusammen mit Esther unternahmen.

Dabei lernten sie auch einen koreanischen Gemeindeleiter kennen, der sich Pastor James nannte. Zu ihm fühlten sie sich spontan hingezogen. Nach ihrer ersten Begegnung mit ihm erfuhren sie, dass Pastor James Menschen zur Flucht aus Nordkorea verholfen hatte; das machte ihn ihnen noch lieber.

Über den Ältesten Cha unternahmen sie mehrere Versuche, auch ihren Sohn, Dae Jin, nach China zu holen. Jedes

Mal ging etwas schief. Zweimal war Pil Soos Schwägerin nicht sicher, ob sie dem Mann, der da an ihre Tür klopfte, vertrauen konnte, und weigerte sich, den Jungen in seine Obhut zu geben.

Bei ihrem zweiten Treffen mit Pastor James fragten Peter und Maria (Pil Soo und Myung Hee) ihn, ob er ihnen helfen konnte, ihren Sohn nach China zu holen. Und sie hatten gleich noch eine zweite Frage: Konnte er ihrer kleinen Familie helfen, nach Südkorea zu kommen? Sie wussten nur zu gut, dass die chinesischen Behörden immer intensiver nach Flüchtlingen aus Nordkorea suchten, was bedeutete, dass ihre Sicherheit auf dem Spiel stand.

Pastor James antwortete, dass die Chancen, Dae Jin nach China zu holen, gut waren, aber dass der Traum, nach Südkorea zu kommen (und dann auch noch mit der ganzen Familie), genau das war: ein Traum. „Da könnt ihr nur beten", sagte er. „Betet immer wieder. Betet im Glauben. Ihr wisst ja: Wir haben einen Gott, der Wunder tut."

Und sie beteten. Sie begannen jeden Morgen mit einer gemeinsamen Andacht in der Hauskirche im Obergeschoss, auch wenn der Raum ungeheizt war und sie sich in Decken wickeln mussten.

Als sie sich das dritte Mal mit Pastor James trafen, eröffnete ihnen dieser, dass es vielleicht doch eine Möglichkeit für sie gab, nach Südkorea zu kommen. Zuerst waren sie begeistert, aber die Begeisterung legte sich rasch. Maria erklärte: „Wir wissen es sehr zu schätzen, was ihr für uns tut, aber wir können unseren Sohn nicht allein in Nordkorea zurücklassen, und wenn das bedeutet, dass wir nie nach Südkorea kommen. Solange unser Sohn noch drüben ist, bleiben wir lieber in China."

„Ich kann euch gut verstehen", sagte Pastor James. Und

er nahm ihre Hände und betete lange und aus tiefem Herzen für sie.

In was für Ängsten Maria in diesen Wochen lebte, lässt sich schwer in Worte fassen. Sie war nicht nur von ihrem Kind getrennt, sie wusste auch, dass ihr Sohn in einem bösen Land wohnte, fast am Verhungern war, und dass der Ausgang des Fluchtversuchs, falls es denn einen geben sollte, ungewiss war. So sehr sie es auch versuchte, sie konnte ihre Sorgen nicht abstellen. Das beste Gegenmittel war noch der Schlaf, aber der wollte immer öfter nicht kommen. Sie wurde krank, wenn sie daran dachte, wie viel sie zu essen hatte und wie wenig Dae Jin. Die Monate ohne ihren Jungen schleppten sich dahin: drei, vier, fünf, sechs.

Esther, die sehr wohl merkte, wie Maria litt, bat sie um ihre Hilfe in Küche und Haus, in der Hoffnung, dass sie dies auf andere Gedanken bringen würde. Sie nahm sie auch in den Arm, wenn Maria wieder weinte, streichelte ihr übers Haar, hielt ihre Hände, wischte ihre Tränen ab und betete mit ihr und für sie.

Eines Morgens Ende Februar rief Esther Peter zu sich und reichte ihm das Telefon. Eine Frauenstimme, die er nicht kannte, eröffnete ihm, dass Dae Jin sicher nach China gekommen war. Sie sagte, dass sie eine Nordkoreanerin war und dass Ältester Cha die Aktion organisiert hatte.

Peter gestikulierte in Marias Richtung und sagte aufgeregt: „Dae Jin ist hier in China!“

Die Frau sagte ihm, wo sie zurzeit war und dass sie in ein oder zwei Tagen erneut anrufen würde, um mit ihm auszumachen, wie und wo er seinen Sohn abholen konnte. Peter fragte sich insgeheim, ob der Anruf wirklich echt war. Wie konnte er das herausfinden? Am besten wohl dadurch, dass er die Unbekannte bat, Dae Jin ans Telefon zu holen, so dass er seine Stimme hören konnte. Er tat dies also. Aber Dae Jins Stimme kam nicht. „Hallo, Dae Jin“, sagte Peter. „Bist du da? Sag doch was, Dae Jin, bitte!“

Die Frau meldete sich wieder. „Ich glaube, er hat Angst vor dem Telefon. Wenn ich es ihm hinhalte, geht er weg. Ich glaube, er erkennt Ihre Stimme, aber er weiß nicht, wie er reagieren soll. Ich rufe in ein, zwei Tagen wieder an; dann machen wir den Termin aus.“

Als er aufgelegt hatte, berichtete Peter den beiden Frauen, was er gerade gehört hatte. Er umarmte Maria, dann Esther. Dann lehnte er sich an die Wand, als habe er Angst umzufallen. Hundert Fragen schossen ihm durch den Kopf, und keine Antwort. Fast täglich hatten die anderen sie vor Fallen gewarnt und ihnen eingeschärft, sich mit niemandem einzulassen, der nicht das Vertrauen von Esther oder dem Ältesten hatte. Es war Esther, die die entscheidende Idee hatte, wie sie prüfen konnten, ob der Anruf echt war: „Sie hat doch gesagt, dass Ältester Cha die Sache organisiert hat. Rufen wir ihn einfach an und fragen wir ihn.“ Sie riefen ihn an, und in der Tat, die Frau handelte in seinem Auftrag.

Schon am folgenden Tag rief sie wieder an; man vereinbarte einen Treffpunkt in der Nähe des Postamtes der Stadt, in der Maria und Peter waren. „Wir kommen mit dem Motorrad“, erklärte die Frau. „Im Auto ist es zu gefährlich; die Polizei überprüft alle Autos, die in die Stadt fahren. Wir sind in ungefähr vier Stunden da.“

Und richtig: Vier Stunden später sahen Peter und Maria plötzlich, wie Dae Jin ihnen vom Rücksitz eines Motorrads aus zuwinkte. Sechs lange Monate des Wartens waren zu Ende. Nach einer freudig-tränenreichen Begrüßung gingen die vier in ein Restaurant. Während des Essens berichtete die Frau ihnen, wie die Aktion verlaufen war.

„Peter, deine Schwester hat es fast nicht fertiggebracht, mir zu vertrauen. Sie wusste ja, dass sie Dae Jin nie wieder sehen würde. Wir werden sie benachrichtigen, dass er wieder bei seinen Eltern ist.

Nachdem wir von ihr aufgebrochen waren, blieben wir zunächst über Nacht in dem Haus einer Kontaktperson. Den ganzen folgenden Tag waren wir unterwegs; wir erreichten den Fluss, als es dunkel wurde. Das Eis auf dem Wasser fing gerade an, zu schmelzen. Ich nahm Dae Jin huckepack und gab ihm meine Kleidung und unsere Schuhe. In dem Haus unserer Helfer in China badeten wir ihn und schnitten ihm die Haare so, dass er mehr wie ein chinesischer Junge aussah. Unsere Gastgeber verbrannten seine Kleidung, um alle Spuren zu verwischen, und zogen ihm chinesische Kleider an."

Bei seinem ersten Gottesdienst in Esthers Gemeinde war Dae Jin der Mittelpunkt der Aufmerksamkeit. Seine Oma und Sung Yeon waren da und schlossen ihn in die Arme. Die Menschen der kleinen Gemeinde, die treu und lange für Dae Jins Flucht gebetet hatten, waren voller Freude; die Dankgebete zu Gott wollten kein Ende nehmen. Selbst die Großmutter, die noch nicht gläubig war, machte mit. „Ja", sagte sie, „Gott ist groß. Ich habe es kaum glauben können, als meinen Kindern die Flucht gelang. Auch nicht, als Sung Yeon und ich es schafften. Und jetzt Dae Jin! Ja, Gott ist fantastisch!"

15. Das erste Weihnachten

Ungewissheit und Gefahr waren in China für Maria, Peter und die Kinder tägliche Begleiter. Ständig mussten sie damit rechnen, dass ihnen auf der Straße plötzlich jemand folgte oder dass es an der Haustür klopfte und die Polizei kam, um das Haus zu durchsuchen. Ihre Gastgeber zeigten ihnen, wo sie sich verstecken konnten, wenn die Polizei kam. Sie alle wuchsen zusehends in ihrem neuen Glauben, aber das ständige Gefühl, gejagt zu sein, ließ sie nicht zur Ruhe kommen.

Auch die Kinder wollten gerne neue Namen haben. Aus Sung Yeon wurde Sharon und aus Dae Jin Daniel. Sharon blieb zusammen mit der Großmutter in dem Haus eines Paares, das in der Nähe wohnte. Es war keine leichte Arbeit, Daniel beschäftigt zu halten. Weil er kein Chinesisch sprach, durfte er es nicht wagen, mit den Kindern in der Nachbarschaft zu spielen, deren Eltern würden ihn sonst womöglich der Polizei melden. Seine Eltern verbrachten den Großteil ihrer Zeit im Haus, wo sie sich einem intensiven Bibelstudium widmeten. Peter nutzte auch sein Geschick als Tischler zum Bau eines schönen Kästchens für die Kollekten der kleinen Gemeinde. Höhepunkte im Alltag waren Ausflüge zu anderen christlichen Gemeinden in Nachbarstädten, auf die Esther sie mitnahm und wo sie Gastprediger aus Italien, Australien und anderen Ländern hörten.

Peter und Maria hörten auch fleißig die Sendungen von FEBC South Korea, einem christlichen Radiosender. FEBC sendet von der Insel Cheju südlich der koreanischen Halbinsel seit 1973 auf Mittelwelle Sendungen nach Nordkorea.

Ihre Fortschritte im Glauben waren so rasch, dass Peter und Maria bald zu Kirchenältesten von Esthers Gemeinde gewählt wurden. Da der kleine Gemeinderaum nicht beheizbar war, hielten sie die Gottesdienste im Winter im Wohnzimmer mit seinem gemütlichen Ofen ab, den Peter gut mit Holz versorgte.

Bei einem der Gottesdienste waren mehr Flüchtlinge aus Nordkorea als Christen aus China anwesend. Ältester Cha sagte den Flüchtlingen: „Die meisten von euch sind nach China gekommen, um Lebensmittel zu holen. Aber diese Lebensmittel halten nicht lange vor. Doch es gibt eine Speise, die für immer bleibt, und wir alle brauchen sie, weil wir alle Menschen sind, die Hunger haben nach etwas, das bleibt und nicht morgen wieder weg ist.

Ein Sänger in der Bibel hat gesagt: ‚Schmeckt und seht, dass der Herr gut ist.‘ Und Jesus selber hat gesagt: ‚Ich bin das Brot des Lebens.‘ Er möchte, dass wir alle ihn in uns aufnehmen. Um euch dabei zu helfen, möchte ich euch jetzt ein neues Lied beibringen. Es ist ein altes Kirchenlied, das aus dem Westen kommt:

Brich mir das Brot des Lebens, lieber Herr,
wie du es brachst an Galiläas Meer.
In deinem heil'gen Wort ich suche dich,
mein Herz verlangt nach dir, du Lebenswort.
Segne mir deine Wahrheit, lieber Herr,
wie du es tat'st an Galiläas Meer.
Dann lösen sich die Fesseln, die mich binden,
und ich werd endlich deinen Frieden finden.“

Sie lasen das 6. Kapitel des Johannesevangeliums. Dann wiederholte der Älteste die drei Schlüsselverse: „Jesus sagt:

‚Bemüht euch doch nicht nur um das vergängliche Brot, das ihr zum täglichen Leben braucht! Setzt alles dafür ein, die Nahrung zu bekommen, die bis ins ewige Leben reicht.‘ ‚Ich bin das Brot des Lebens. Wer zu mir kommt, wird niemals wieder Hunger leiden, und wer an mich glaubt, wird nie wieder Durst haben.‘ ‚Ich bin dieses Brot, das von Gott gekommen ist und euch das Leben gibt. Jeder, der dieses Brot isst, wird ewig leben.‘“

Cha fuhr fort: „Am Anfang dieses Kapitels lesen wir, wie Jesus durch ein Wunder fünftausend Menschen auf einmal satt machte. Die Leute waren begeistert von ihm, aber er merkte, dass es den meisten nur um den Hunger in ihrem Magen, aber nicht um den in ihrer Seele ging. Es gibt einen Hunger nach Leben, und nur Jesus kann den Menschen Leben geben – Leben im Überfluss. Es gibt auch einen Hunger nach Liebe, und allein Jesus gibt uns eine Liebe, die stärker ist als Sünde und Tod. Allein Jesus kann den bohrenden Hunger der menschlichen Seele und des Herzens stillen.

Etwas später in unserem Kapitel bezeichnet Jesus sich als das Brot des Lebens. Was meinte er damit? In dem Land, in dem Jesus lebte, war das Brot das, was bei uns der Reis ist – das absolute Grundnahrungsmittel. Die Menschen brauchten Brot, um zu leben.

Leben – das ist mehr als die bloße körperliche Existenz. Das Leben hat auch eine innere Dimension. Das Leben, das Jesus gebracht hat und das er auch uns heute anbietet, ist eine neue Beziehung zu Gott – eine Beziehung, die auf Vertrauen, Gehorsam, Nähe und Liebe gründet. Der einzige Weg in diese Beziehung ist über Jesus Christus. Ohne ihn haben wir keinen Zugang zu Gott. Jesus gibt uns Leben – wahres Leben. Ohne ihn können wir existieren, aber nicht leben. Wenn wir ihn erkennen und in uns aufnehmen, wird die tiefste Sehnsucht unseres Herzens endlich gestillt. In diesem Sinne ist Jesus wirklich das Brot des Lebens.

Dieser Bibelabschnitt zeigt uns auch die verschiedenen Abschnitte des Lebens eines Christen. Zuerst *sehen* wir Jesus, *kommen* zu ihm und *glauben* an ihn. Darauf *leben wir für ihn*, und zum Schluss werden wir *mit ihm leben.* Dieser Prozess gibt uns Leben, indem er uns in eine neue, von Liebe geprägte Beziehung zu Gott stellt. Wenn wir das, was Gott uns hier durch seinen Sohn anbietet, annehmen, kommt eine neue Befriedigung in unser Leben hinein. Die Einladung in diese Beziehung gilt allen Menschen.

Wir haben einen freien Willen und können dieses Angebot annehmen, aber auch ablehnen. Ich spüre es, dass heute Abend Menschen hier unter uns sind, die vor der Entscheidung stehen, ob sie Jesus und die Speise, die er uns anbietet, annehmen wollen. Wollt ihr dieses wahre Leben von dem, der sich das Brot des Lebens genannt hat, annehmen? Dann meldet euch, bitte."

Der Älteste hielt inne und ließ seinen Blick durch das Zimmer gleiten. Mehrere der Anwesenden nickten, dann standen sie einer nach dem anderen auf. Mit Tränen in den Augen sagte Cha: „Ich möchte mit euch beten." Und er betete, mit jedem einzeln, während die übrige Gemeinde leise sang:

„Du bist mein Brot des Lebens, lieber Herr,
dein heil'ges Wort die Wahrheit, die mich trägt.
Mit dir lass leben mich im Himmel einst,
zieh mich zu dir, der du die Liebe bist.
O sende deinen Geist jetzt her zu mir
und öffne meine Augen und mein Herz.

> Zeig mir dein Wort und Wahrheit immer mehr,
> dass ich dich sehe, du mein Gott und Herr."

Als sie fertig gesungen hatten, erklärte Cha ihnen die Bedeutung des Abendmahls, das sie jetzt feiern wollten; er sagte, dass Brot und Wein sichtbare Zeichen des Leibes und Blutes Jesu waren, die er für die Sünden der Menschen gegeben hatte. Und er erklärte ihnen noch mehr zu diesem Mahl, zu dem Jesus sie einlud.

Dann ließ er den Teller mit dem Brot durch die kleine Runde kreisen. „Dies ist der Leib Christi, für dich in den Tod gegeben." Dann den Kelch mit dem Wein: „Dies ist das Blut Christi, für dich vergossen."

Einen Monat vor Weihnachten bat Esther Peter, eine Kiefer zu fällen. Er tat dies, und darauf gab sie ihm eine Schachtel und bat ihn, den Baum mit den Gegenständen darin zu schmücken. Peter hängte den Schmuck auf – erst Lametta, ein paar Kerzen und Schleifen, dann, mit fachkundiger Hilfe der Frauen, mehrere kleine Kugeln und als Krönung auf der Spitze einen Engel. Darauf gab Esther Daniel eine kleinere Schachtel und bat ihn, sie zu öffnen und den Inhalt unter dem Baum aufzubauen. Es war ein historischer Augenblick für Daniel, denn er durfte die erste Weihnachtskrippe seines Lebens aufstellen.

In Nordkorea impft man den Menschen ein, dass Weihnachten etwas Böses und Dekadentes ist, das die Amerikaner erfunden haben. Das Lied „Jingle Bells", so heißt es, werde im Westen nur in Bars und Diskotheken gespielt. Aber Peter hatte das Lied immer gemocht, vor allem den

Rhythmus. Ihm wurde jedes Mal fröhlich zumute, wenn er es hörte.

„An diesem Weihnachtsmorgen in China", berichtete Peter später, „fühlte ich mich, als ob ich wieder ein kleiner Junge wäre. Es war einer der glücklichsten Tage meines Lebens. Auch ohne Musikinstrumente sangen wir und feierten die Geburt unseres Herrn Jesus. Wieder und wieder sangen wir ‚Stille Nacht'. Wir sangen über eine Stunde lang. Und dann hielt Esther eine Predigt. Nach dem Gottesdienst gab es ein Weihnachtsessen mit allen möglichen Köstlichkeiten. Und wir bekamen die ersten Weihnachtsgeschenke unseres Lebens."

Später kehrten Pil Soos Mutter und Sharon zum Haus von Esthers Schwester zurück, in dem sie aus Sicherheitsgründen nach wie vor wohnten.

16. Wozu Ziegelsteine gut sind

Eines Frühlingstages ging Esthers Tochter Miriam wie schon so oft von ihrer Wohnung zum Haus ihrer Mutter. Die beiden Beamten der Geheimpolizei, die ihr folgten, bemerkte sie nicht. Eine Minute, nachdem sie das Haus betreten hatte, klopfte es heftig an der Haustür. Maria und Peter hatten geübt, was sie in einem solchen Fall zu tun hatten, und begaben sich mit Daniel sofort in ein sicheres Versteck im Haus.

Miriam, der Ungutes schwante, ließ sich mit dem Öffnen der Tür Zeit, bis die drei Flüchtlinge verschwunden waren. Sie fragte die Männer: „Wer sind Sie und was wollen Sie?"

„Wir sind von der Polizei und haben gehört, dass Sie in diesem Haus Republikflüchtlinge aus Korea versteckt halten", erwiderte der eine. „Geben Sie sie heraus!"

„Flüchtlinge? In diesem Haus sind keine Flüchtlinge!", antwortete Miriam energisch.

„Wohnt hier nicht eine Frau aus Nordkorea?"

„Nein. Hier wohnt niemand aus Nordkorea!" Sie klang wütend. Nein, von diesen Polizisten würde sie sich nicht einschüchtern lassen!

Der zweite Beamte übernahm das Wort. „Wir wissen, dass sie hier ist. Und wir wissen auch, dass sie kein Chinesisch spricht. Wir können dies jederzeit beweisen, indem wir ihr ein paar Fragen stellen. Wenn Sie keine Scherereien haben wollen, schicken Sie sie sobald wie möglich aufs Polizeirevier!"

Noch ein paar Drohungen, und die Männer gingen.

Einige Tage danach kamen sie wieder. Diesmal stellten sie Peter mehrere Fragen, die er nicht beantworten konnte, weil er nicht genug Chinesisch konnte. Es war fast ein Wunder – sie gingen, ohne ihn und Maria weiter zu behelligen. Aber er wusste: Sie würden wiederkommen, diesmal, um sie zu verhaften. Die beiden mussten dieses Haus verlassen – aber wo sollten sie hin?

Zwei Wochen vergingen, dann donnerte es wieder gegen die Haustür. Esther rief Peter und den Seinen auf Koreanisch zu: „Flieht, sofort!“ Peter hatte das Küchenfenster in weiser Voraussicht offen gelassen. Er hievte erst Maria, dann Daniel nach draußen. Die beiden begannen zu rennen. Peter zögerte. Er hörte, wie Esther sich lautstark mit den Polizisten stritt. Was, wenn sie ihr etwas antaten? Dann merkte er, dass das Wortgefecht nur ein Hinhaltemanöver war. Esther wollte ihm Zeit geben, das Haus zu verlassen. Also gut, er sprang aus dem Fenster. Von Maria und Daniel war schon nichts mehr zu sehen, obwohl Peter wie ein Blitz den Hang hinaufrannte. Er musste die beiden finden! Oben begann er, in einem weiten Bogen zurück zu dem Haus zu laufen. Fünfzig Meter entfernt ging er hinter einem Baum in Deckung und sah, dass die Polizei noch da war. Am besten war es wohl, wenn er in einem Taxi zum Markt fuhr. Am Marktplatz angekommen, rief er einen Freund an. Waren seine Frau und sein Sohn vielleicht dort? In der Tat, sie waren gerade angekommen. Vor lauter Freude kaufte Peter sich auf dem Markt eine Banane, die er sich noch auf dem Weg zum Haus seines Freundes in den Mund schob.

Am Abend rief er Esther an. Sie berichtete ihm, dass die Polizisten das ganze Haus auf den Kopf gestellt hatten und wütend geworden waren, als sie niemanden fanden. Sie hatten ihr angedroht, wiederzukommen.

Sie riet ihm, erst zurückzukommen, wenn die Luft rein war und sie ihn anrief, was kaum vor Ablauf einer Woche der Fall sein würde. Aber er musste dringend ein paar frische Sachen zum Anziehen holen; nicht wenige Flüchtlinge liefen der Polizei in die Arme, weil sie wochenlang dieselbe Kleidung trugen, die entsprechend verdreckt oder abgetragen war.

Am besten versuchte er es wohl nachts, im Schutz der Dunkelheit. Er wagte es drei Tage später und hatte Glück – das Küchenfenster war offen. Er stieg hinein. Esther schlief, was ihm gerade recht war; so konnte er noch schneller ein paar Kleidungsstücke und sonstige Habseligkeiten zusammenpacken, nicht zu vergessen die Bibelarbeitshefte, die er gerade durchgegangen war, als die Polizei kam. Als nichts mehr in die bewährte wasserdichte Tasche hineinpasste, marschierte er zurück zu seiner Familie. Am Morgen rief er Esther an und erklärte ihr, dass er in der Nacht da gewesen war. Er hatte erwartet, dass sie wütend über so viel Leichtsinn wäre, aber sie schien zufrieden zu sein, dass sie alle in Sicherheit waren – nun ja, für den Augenblick.

Da das Gemeindeglied, bei dem sie untergekommen waren, nur ein winziges Haus hatte, mussten Peter, Maria und Daniel sich dringend nach einer anderen Bleibe umsehen. Zu Esther zurück konnten sie nicht gut, aber diese nannte ihnen einen Freund, der eine Ziegelfabrik hatte. Was sollten sie in einer Ziegelfabrik?, dachte Peter. Aber er ging hin, und siehe da, der Besitzer bot ihm nicht nur eine Wohnung an, sondern auch einen Arbeitsplatz. Er gehörte nicht zu Esthers Gemeinde, aber seine Mutter, die eine treue Christin war.

Auch Maria bekam Arbeit in der Fabrik. Sie und Peter schichteten die frisch hergestellten Ziegel auf und bedeckten sie mit Planen, wenn es regnete. Manchmal konnte Peter sogar die hydraulischen Geräte bedienen. Ihr Chef und Vermieter zahlte ihnen einen guten Lohn, sodass sie zum ersten Mal, seit sie nach China gekommen waren, ihre Ausgaben selber bestreiten konnten. Als Erstes legten sie immer das Geld beiseite, das sie für die Gemeinde spenden würden. Es war eines der schönsten Gefühle, die sie je gehabt hatten.

In der Fabrik gab es fünfzig Arbeiter, darunter acht andere Flüchtlinge aus Nordkorea, was die Fabrik zu einem beliebten Ziel der chinesischen Geheimpolizei machte. Wenn die nächste Razzia kam, versteckten sich die Flüchtlinge in aller Eile, oft hinter strategisch platzierten Ziegelstapeln.

Wenn die Polizisten die Quartiere der Arbeiter durchsuchten, gingen sie immer zunächst an Peters und Marias Wohnung vorbei, was der kleinen Familie die nötige Zeit gab, sich in Sicherheit zu bringen. Peter und Maria mussten dabei jedes Mal an das Passah im Alten Testament denken, wo der Todesengel an den Häusern der Juden vorübergegangen war, sodass ihnen nichts passierte.

Einmal beschützte Gott sie so vollkommen, dass sie buchstäblich erst am nächsten Morgen von der Razzia erfuhren. Während die Polizisten die benachbarten Häuser durchsuchten, hatten sie nichtsahnend vor dem Fernseher gesessen.

Einmal, als die Polizei wie aus heiterem Himmel erschien, hatte Peter gerade noch Zeit, Maria und Daniel zu holen und zu einem Versteck zu hasten, das auf allen Seiten von hohen Wänden fertiger Ziegel umgeben war. Die Polizisten waren diesmal so hartnäckig, dass die kleine Familie drei Tage und Nächte in ihrem Versteck bleiben musste.

Das erinnerte sie an den Propheten Jona, der ebenso viele Tage im Bauch eines Fisches verbracht hatte. Als sie ihr Versteck wieder verlassen konnten, war ihnen nichts passiert, außer dass sie ein paar Dutzend Mückenstiche abbekommen hatten.

Die Polizei wurde mit jeder Razzia gründlicher, was Peter und seine Familie zwang, sich in einem Versteck im Lagerhaus der Fabrik wohnlich einzurichten. Einen ganzen Monat schliefen sie dort, auf dünnen Matten, die sie auf den Zementfußboden gelegt hatten. Es war ein denkbar primitives Quartier, aber wenigstens waren sie zusammen und hatten zu essen.

Selbst unter diesen extremen Bedingungen gingen sie treu zu den Gottesdiensten, außer wenn Esther sie warnte, dass die Polizei in der Nähe war. Wenn die Luft rein war, gingen sie jeden Mittwoch, Freitag und Sonntag in die kleine Gemeinde.

Als sie das nächste Mal Pastor James trafen, hatte er eine schier unglaubliche Neuigkeit für sie. „Wir haben jetzt fast die Hälfte des Geldes beisammen, das wir brauchen, damit ihr alle nach Südkorea könnt. Wir sind dabei, Spenden zu sammeln, um die Helfer und Fahrer bezahlen zu können und die Eisenbahn- und Flugtickets und die Verpflegung. Viele Christen in China und Südkorea beten für euch. Aber redet bitte mit keiner Menschenseele darüber."

Drei Monate später wies Pastor James sie an, sich ab sofort für den Tag X bereitzuhalten. „Wenn es so weit ist, werde ich Esther benachrichtigen. Sie sagt euch dann alles Nötige", erklärte der Pastor. „Wenn euch jemand fragt, sagt einfach, dass ihr eine andere Arbeit gefunden habt und deswegen in eine andere Stadt umziehen müsst. – Aber was ist mit deiner Mutter, Peter? Ich habe gehört, es geht ihr nicht gut."

„Sie hat Gebärmutterkrebs", antwortete Peter traurig.

„Eure Reise wird ein Härtetest über Tausende von Kilometern sein. Ihr werdet durch Flüsse und Moskito-Sümpfe müssen, enorme Hitze ertragen und noch vieles andere. Wenn deine Mutter so krank ist, überlebt sie das nicht. Es tut mir leid, aber ihr habt keine Wahl, als sie hier in China zurückzulassen, wenn ihr geht."

Ein paar Wochen später rief Esther sie an und sagte ihnen, dass sie sich am nächsten Morgen zum Bahnhof begeben sollten, wo Pastor James und ein Helfer auf sie warten würden.

Esther, Ältester Cha und einige andere Freunde spendierten der kleinen Familie ein Abschiedsessen. Umarmungen, Tränen, Abschiedsworte, dann blieben sie für eine letzte Übernachtung in Esthers Haus. Am nächsten Morgen würde für Maria, Peter, Sharon und Daniel die große Reise ins Ungewisse beginnen. Oder nicht ganz ins Ungewisse, wussten sie doch, dass Gott bei ihnen sein würde. Sie wussten noch nicht, wie sehr sie ihn brauchen würden auf der langen Reise nach Südkorea.

17. Geführt

Am Morgen gingen Peter und die Seinen, von Esther und Miriam begleitet, zum Bahnhof, wo Pastor James und der Fluchthelfer für die erste Etappe ihres Weges nach Südkorea schon auf sie warteten. Der Abschied vom Ältesten Cha und von Peters Mutter am vergangenen Abend war nicht einfach gewesen. Jetzt kam der nächste schwere Abschied – der von Esther. Die Umarmungen wollten kein Ende nehmen, denn auch dieser Abschied war für immer.

Dann stiegen Peter, Maria, Sharon, Daniel und ihr Fluchthelfer in den Zug. Ihr Ziel: Kunming, die Stadt des ewigen Frühlings im fernen Südwestchina. Die Reise schien eine Ewigkeit zu dauern. In Wirklichkeit war es eine Woche, mit langen Wartezeiten auf verschiedenen Umsteigebahnhöfen.

In Kunming nahm ein anderer Fluchthelfer sie unter seine Fittiche. Sie durften in seinem Haus übernachten. Am nächsten Morgen folgte eine Busreise, die den ganzen Tag und die darauffolgende Nacht dauerte. Sie fühlten sich müde und zerschlagen und waren denkbar schlecht vorbereitet für die erste Schrecksekunde der Reise. Diese kam an einem Punkt, der wie ein Grenzübergang aussah, aber nur ein Provinzkontrollpunkt war.

Was machte er, wenn sie dran waren?, fragte sich Peter. Sollte er den Wächter ansehen? Was, wenn er ihn etwas fragte? Warum hatte ihr Fluchthelfer sie nicht vorgewarnt? Erst jetzt erinnerte er sich daran, dass ihr chinesischer Fluchthelfer ja gar kein Koreanisch sprach. Er flüsterte das Maria zu, und sie mussten beide lauthals lachen.

Ihr Lachen verstummte abrupt, als ein streng aussehender Polizist auf sie zukam. Er stellte dem Führer ein paar Fragen, dann ließ er sie zu jedermanns Erleichterung alle passieren.

Jetzt begann das eigentliche Abenteuer. Ihre beiden neuen chinesischen Fluchthelfer sprachen ebenfalls kein Koreanisch, sodass sie sich buchstäblich mit Händen und Füßen verständigen mussten. Die beiden Männer waren mit nur einem Motorrad zu dem vereinbarten Treffpunkt gekommen, sodass sie zunächst einmal ein zweites holen mussten. Dann setzten Peter und der siebenjährige Daniel sich hinter den Fahrer des einen Motorrads, Maria und die neunjährige Sharon hinter den Fahrer auf der zweiten Maschine.

Eine Fahrt von vielleicht einer halben Stunde brachte sie zu dem Haus des einen der beiden Fluchthelfer, wo man sie anwies, ihre Kleidung abzulegen und langärmelige Hemden und lange Hosen anzuziehen. *Lange* Kleidung? Peter verstand die Welt nicht mehr. Der Temperatur nach waren sie doch jetzt fast in den Tropen!

Es folgte eine zweite Fahrt auf den Motorrädern, diesmal zweieinhalb Stunden in glühender Sonne. Als sie anhielten, bedeuteten die Fluchthelfer ihnen, dass sie jetzt zu Fuß weiter mussten, auf einer Art Dschungelpfad. Sie erklärten Peter mit ausholenden Gesten, dass sie binnen einer halben Stunde an dem Grenzfluss zu Laos wären, wo Grenzpolizisten auf Booten patrouillierten. So verstand Peter sie jedenfalls.

Es zeigte sich, dass Peter die Fluchthelfer recht gut verstanden hatte, außer dass der anstrengende Marsch zu dem Fluss nicht eine halbe Stunde dauerte, sondern fast vier – über Berg und Tal und durch dorniges Dickicht, das ihnen die Arme und Beine zerkratzte. Also dafür trugen sie die lange Kleidung!

Dann merkten sie, dass ihre Helfer offenbar nicht mehr richtig wussten, wo sie waren. Sie gaben dies auch zu und signalisierten Peter, dass er und seine Familie warten sollten, während sie selber weiter nach dem Fluss suchten. Doch dies war nicht das einzige Problem; Proviant und Trinkwasser gingen zur Neige. Peter schaute zu den zerklüfteten Berggipfeln nach oben und zum dichten Dschungel vor ihnen. Lange konnten sie hier nicht überleben. *Gott, führe uns, wir brauchen dich!*

Dann kamen ihm die Geschichten in den Sinn, die er über diesen Landstrich – das „Goldene Dreieck" zwischen Vietnam, Laos, Thailand, Birma und China – gehört hatte, die Geschichten von Menschen, die man den Opiumbauern als Sklaven verkauft hatte. Er zwang sich, sein Grübeln zu stoppen, und sagte zu seiner Familie: „Kommt, lasst uns beten, dass Gott uns hilft." Und sie nahmen sich alle vier bei den Händen und beteten aus tiefem Herzen.

Es wurde Nachmittag, es wollte Abend werden, und immer noch kein Lebenszeichen von den Helfern. Die Kinder saßen neben ihre Eltern gekauert am Boden. Dann kam er endlich, der erlösende Laut: ein Ruf von dem einen der Fluchthelfer. Sie folgten der Stimme. Endlich waren sie wieder alle zusammen. Noch eine halbe Stunde Fußmarsch, und sie erreichten eine aus Laub und Zweigen erbaute Hütte in der Nähe des Flussufers, wo sie eine Zeit lang in einen unruhigen Schlaf fielen.

Sharon war, während sie bei Esthers Schwester wohnte, ein Jahr lang auf eine chinesische Schule gegangen. Sie sagte etwas später zu ihren Eltern: „Ich kann mal versuchen, mit den Helfern zu reden, vielleicht klappt's." Es zeigte sich, dass ihr Chinesisch viel besser war, als Peter und Maria gedacht hatten, und sie ernannten sie auf der Stelle zu ihrer

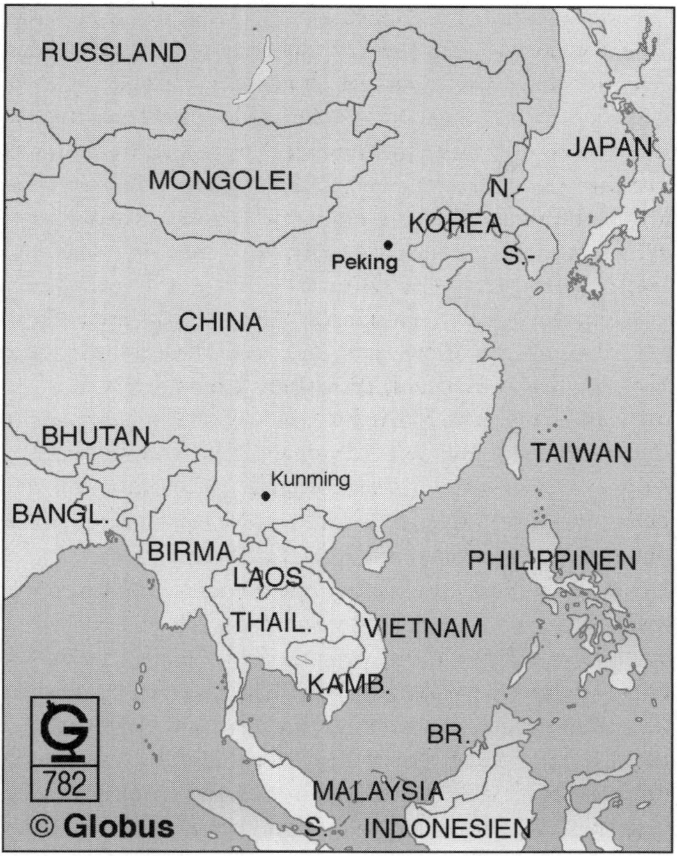
RUSSLAND
MONGOLEI
JAPAN
N.-
KOREA
S.-
Peking
CHINA
BHUTAN
TAIWAN
Kunming
BANGL.
BIRMA
LAOS
PHILIPPINEN
THAIL.
VIETNAM
KAMB.
BR.
782
MALAYSIA
© Globus
S.
INDONESIEN

Dolmetscherin. Sie erklärte ihren Eltern, dass der Fluss, an dem sie jetzt waren, der Mekong war und dass bald ein großes Boot kommen würde, in das sie einsteigen sollten. Aber kein Boot kam. Die Helfer besorgten etwas Trinkwasser, und man setzte sich, um den Rest des Proviants aufzuessen – ein paar Plätzchen. Die Moskitos ließen sie nicht in Ruhe. Peter sagte: „Zu Hause in Nordkorea haben wir auch fast nichts zu essen gehabt, da werden wir das hier auch schaffen, wenn wir uns nur ganz fest an Jesus halten."

Am nächsten Morgen saßen die Flüchtlinge versteckt in den Büschen am Ufer und schauten den Schiffen und Booten zu, die über den mächtigen Fluss glitten. Der aus dem Hochland von Tibet kommende Mekong schlängelt sich durch die Provinz Yunnan in Südchina, dann bildet er die Grenze zwischen Birma (von der Militärjunta dort in „Myanmar" umbenannt) und Laos. Er ist zum Teil auch Grenzfluss zwischen Laos und Thailand, bevor er durch Kambodscha und Vietnam zum Südchinesischen Meer fließt.

Erst gegen vier Uhr nachmittags erspähte die kleine Gruppe das Motorboot, auf das sie gewartet hatte. Die Flüchtlinge waren erschrocken, als das Boot glatt an ihnen vorbei und in eine kleine Bucht fuhr, aber sie merkten bald, dass dies ein Manöver war, um einem sich nähernden Grenzpolizeiboot auszuweichen, das die Flaggen aller fünf Länder des „Goldenen Dreiecks" trug. Eine halbe Stunde später legte ihr Boot an einem Landungssteg unterhalb ihres Verstecks an. Als sie zu der Landungsstelle gingen, sahen sie, wie keine fünfhundert Meter flussaufwärts das Polizeiboot wieder erschien, offenbar um sie zu verfolgen. Die Männer auf dem Motorboot riefen ihnen zu, sich zu beeilen. Kaum waren sie an Bord, ließ der Bootsführer den

Motor aufheulen und schoss in den Fluss hinaus, mit voller Kraft weg von dem näher kommenden Patrouillenboot.

Es war keine angenehme Schiffsreise. Das altersschwache Boot wurde von den ungewöhnlich rauen Wellen des Flusses hin- und hergeschüttelt. Es war unmöglich, sich mit den Bootsleuten zu verständigen; sie waren Laoten – wieder eine andere Sprache. Die kleine Familie hatte seit fast zwei Tagen nichts Richtiges mehr gegessen und war entsprechend ausgehungert. Es wurde auch allmählich spät, und alle waren völlig erschöpft.

Einer der Fluchthelfer fragte Peter, ob er ihr Mobiltelefon gesehen habe. Offenbar war es verschwunden. Aber der Helfer musste dringend einen Anruf machen. Man hielt also an einer geeigneten Stelle an. Peter wusste, dass dieser Stopp im Plan nicht vorgesehen war, aber es gab wohl keine Wahl.

Erst in der späten Dämmerung kamen die Fluchthelfer zurück. Sie brachten Proviant und Wasser mit. Es gab eine Tüte mit „Reisbrei", einer Spezialität der Region, und ein paar Konserven, aber kein Besteck. Alles in allem eine ungewöhnliche Mahlzeit, aber Peter und die Seinen waren zu hungrig, um sich groß Gedanken darüber zu machen, was sie aßen. Sie schoben sich das Essen mit den bloßen Fingern in den Mund.

Die Nacht verbrachten sie im Dschungel von Laos, pausenlos geplagt von den Moskitos. Es war die längste Nacht ihres Lebens, und sie sehnten sich danach, dass endlich der Morgen kam.

Als es dann Tag wurde, waren ihre Gesichter von den vielen Mückenstichen fast zugeschwollen. „Wir sehen ja wie die Aussätzigen aus!", meinte Peter lachend dazu.

Die Helfer verließen das Lager, um mehrere Anrufe zu erledigen. Als sie gegen acht Uhr zurückkamen, bedeuteten sie Peter, dass sie ihre Gesprächspartner nicht erreicht hatten. Die ganze Gruppe marschierte zwei weitere Stunden durch den Dschungel, um noch einen Versuch zu machen, die Kontaktpersonen zu erreichen. Peters Nervosität stieg mit jeder Minute. Was war hier nur los? Aber als die Grenze zu Thailand in Sicht kam, waren zwei koreanisch sprechende Männer da; einer von ihnen war ein Gemeindeältester. Peter war so erleichtert.

Die Gegend, in der sie sich befanden, war berüchtigt, weil sie von der thailändischen Grenzpolizei besonders streng überwacht wurde. Aber – das nächste Wunder – der Grenzübergang war nicht besetzt! Alles ging so glatt, dass die beiden Helfer Zeit hatten, Peter und seine Familie zu einem guten Frühstück und einem kleinen Rundgang durch eine nahe gelegene Stadt einzuladen.

Danach gaben sie Peter mehrere druckfrische Pässe, je einen für jedes Familienmitglied. Sie fuhren zum Flughafen, wo sie um zwei Uhr nachmittags eine Maschine nach Bangkok bestiegen. Es war nur ein kleines Flugzeug, aber Peters Begeisterung kannte keine Grenzen. Heute konnte er zum ersten Mal in seinem Leben fliegen, heute ging der sehnsüchtige Wunsch des kleinen Schuljungen in Erfüllung! Als die Maschine abhob, fühlte er sich richtig frei. Durch die Luft fliegen können, ohne Hindernisse und ohne verfolgt zu werden … Er merkte, wie er ruhig wurde.

In Bangkok brachte man sie zu einem sicheren Haus für nordkoreanische Flüchtlinge. Nach kurzer Beratung entschieden ihre Gastgeber, dass es am besten war, wenn Peters Familie gleich weiterfuhr, zu dem sicheren Haus in Kambodscha. Gleich am nächsten Morgen packten sie wieder ihre Sachen, um sich in einem Auto Richtung Osten zur kambodschanischen Grenze fahren zu lassen. Die

Nacht verbrachten sie in der Nähe der Grenze, und am folgenden Morgen gab der jüngere der Helfer einem thailändischen Bauern Geld, damit dieser die beiden Kinder in seinem Heuwagen über die Grenze fuhr. Peter und Maria überschritten die Grenze mit einer Reisetasche in der Hand und einer Kamera vor dem Bauch – die perfekten Touristen.

Als die Familie wieder vereint war, stiegen alle in ein Taxi, das sie in vier Stunden zu einer kambodschanischen Touristenstadt in der Nähe des Meeres brachte. Dort wartete der Gemeindeälteste auf sie und erklärte ihnen, warum sie Thailand so schnell wieder verlassen hatten. „Ich habe euch das nicht eher gesagt, damit ihr euch keine Sorgen macht. Es waren einfach zu viele Flüchtlinge aus Nordkorea in Bangkok; ihr hättet weit über ein halbes Jahr auf eine Gelegenheit warten müssen, um nach Südkorea zu kommen. Aber morgen erreicht ihr das sichere Haus hier in Kambodscha, dort müsst ihr nicht so lange warten. Ihr seid jetzt in Sicherheit. Gute Nacht, und Gott segne euch!"

Maria und Peter sagten wie aus einem Mund: „Er hat uns schon gesegnet."

18. Endlich Südkorea

Am folgenden Morgen, nach einem guten Frühstück, bestieg die Familie ein Schiff, das sie flussaufwärts nach Phnom Penh, Kambodschas Hauptstadt, brachte. Dort angekommen, fuhr man sie mit einem Taxi ins Diplomatenviertel. Der Gemeindeälteste rief die südkoreanische Botschaft an, und fünf Minuten später kam ein Auto, das Peter und die Seinen zu dem sicheren Haus brachte, das sich in einem Kirchengebäude befand.

In diesem Haus waren bereits 28 andere nordkoreanische Flüchtlinge, darunter eine Frau aus Peters Heimatort. Sie hatte das Land erst ein Jahr nach Peter verlassen, und er fragte sie, was es Neues in seiner alten Heimat gab. Darauf zeigte man ihm, Maria und den Kindern ihr Zimmer. Dass dies ein Luxus war, erfuhren sie erst einige Tage später. Ihre Familie war die einzige in dem Haus, die ein Zimmer ganz für sich alleine hatte. Die meisten anderen Flüchtlinge hatten ihre Familien in Nordkorea zurückgelassen, und man hatte sie nach Männern und Frauen getrennt untergebracht, im Durchschnitt sieben Personen pro Zimmer.

Es gab verschiedene Regeln, die alle Flüchtlinge zu befolgen hatten. Dass alle sich am Zubereiten der Mahlzeiten und am Saubermachen der Zimmer beteiligen mussten, war noch das Wenigste. Wirklich hart war, dass sie es nicht wagen durften, das Kirchengelände zu verlassen, denn Kambodscha unterhielt diplomatische Beziehungen mit Pjöngjang, was bedeutete, dass aufgegriffene Flüchtlinge dorthin zurückgebracht wurden.

Es dauerte in der Regel einige Tage, bis Neuankömmlinge auftauten und anfingen, mit den anderen zu reden. Doch bald entwickelte sich ein richtig kameradschaftliches Verhältnis zwischen den Hausbewohnern; man kannte sich und vertraute einander. Peter fand heraus, dass etwa 60 Prozent der Flüchtlinge mit der Hilfe christlicher Gruppen nach Kambodscha gekommen waren, 20 Prozent mit der Hilfe von Geschäftsleuten und die übrigen 20 Prozent auf eigene Faust. Die Geschichten, die sie über ihre Flucht erzählten, waren teilweise dramatisch, was das Zusammengehörigkeitsgefühl enorm stärkte.

Die schwüle Sommerhitze trieb immer mehr Flüchtlinge in den Hof des Gemeindehauses, wo sie sich etwas bewegen konnten, miteinander plauderten und etwas frischere Luft atmeten.

Für Peter und Maria war es ein großes Geschenk, dass sie hier buchstäblich in einer Kirche wohnten. Zweimal am Tag gab es Gottesdienste – es war fast zu schön, um wahr zu sein. Viele der anderen Flüchtlinge kamen in diesem Haus zum Glauben an Jesus, was die Beziehungen zu ihnen noch vertiefte. Doch andere, denen man ihr ganzes Leben lang eingetrichtert hatte, dass das Christentum böse sei, fanden nicht aus diesem Denkschema heraus.

Was die Menschen in Nordkorea mehr als alles andere wollen, ist Freiheit – die Freiheit, an den vom Regime durchgeführten Veranstaltungen teilzunehmen, und die Freiheit, nicht hinzugehen; die Freiheit, ihre Meinung laut zu sagen, und die Freiheit zu schweigen. Einmal sagte Peter zu Maria: „Die Menschen, die in Freiheit leben, sollten sich vielleicht einmal in die Lage derjenigen versetzen, die diesen Luxus nicht haben."

Das Leben in der Kirche hatte auch seine Schattenseiten, nicht zuletzt die negativen Gerüchte, die aus dem Nirgendwo zu kommen schienen. Mal hieß es, dass Südkorea keine Nordkoreaner mehr aufnahm, mal, dass (aus welchen Gründen auch immer) seit den Terroranschlägen vom 11. September 2001 „alles schlechter wird“. Die drangvolle Enge machte das Leben nicht einfacher, aber die meisten Flüchtlinge lernten es, zusammenzuhalten und einander zu vertrauen.

Ein großer Segen war das Pastorenehepaar. Die beiden waren nicht nur sehr engagierte Christen, sondern auch Ärzte, die die Flüchtlinge versorgen konnten, wenn sie krank wurden.

Es gab gewisse ungeschriebene Regeln, welche der Hausbewohner zuerst nach Südkorea durften. Die höchste Priorität genossen meistens alte Leute und schwangere Frauen, danach kamen die Familien, die die meisten Kinder hatten. Die beiden Pastoren bemühten sich, niemanden länger als drei Monate warten zu lassen.

Wenn jemand neue Kleidung und Schuhe bekam, bedeutete dies, dass er binnen einer Woche nach Südkorea aufbrechen würde. Die Pastoren gaben die Namen der nächsten Ausreisenden immer während des Morgengottesdienstes bekannt, mit dem (wahrscheinlich gewollten) Ergebnis, dass dieser immer gut besucht war.

Das Warten von einem Tag und einer Woche zur nächsten hatte etwas Einschläferndes, Betäubendes an sich, doch die Flüchtlinge kamen erstaunlich gut damit zurecht – vielleicht deswegen, weil sie schon ganz andere Schwierigkeiten hatten überwinden müssen, um es überhaupt bis hierher zu schaffen.

Als der Morgen kam, an dem es hieß, dass jetzt Peter und seine Familie an der Reihe waren, konnten sie ihr Glück kaum fassen. Peter hielt seinen Jubel zurück, um den anderen, die weiter warten mussten, nicht weh zu tun. Doch in seinem Herzen war er überglücklich. Er war Gott so dankbar, dass ihm die Freudentränen über die Wangen liefen.

Am Flughafen sahen sie viele andere Menschen aus Nord- und Südkorea. Man hatte ihnen eingeschärft, selbst jetzt noch auf der Hut zu sein. Erst vor ein, zwei Monaten hatten nordkoreanische Agenten eine andere Familie, die von dem sicheren Haus zum Flughafen fuhr, aufgegriffen. Es war dem Pastor wie durch ein Wunder gelungen, die Familie vor dem Rücktransport nach Nordkorea zu retten.

Sie bestiegen das Flugzeug, das sie nach Seoul bringen würde. Peter bekam den Mund nicht zu vor Staunen; eine so große Passagiermaschine hatte er noch nie gesehen. Und alles an Bord war so sauber und modern. Er war richtig stolz auf diesen südkoreanischen Jet, mit dem er an diesem Tag fliegen durfte.

Die Stewardessen kümmerten sich rührend um Peter und seine Familie; sie wussten alle, dass sie Flüchtlinge waren. Die Familie saß hinten im Flugzeug. Als der Kapitän über den Lautsprecher bekanntgab, dass sie gleich in Seoul landen würden, flossen bei Peter und Maria wieder die Tränen. Ein Traum war wahr geworden.

Als die Maschine zum Flugsteig rollte, musste Peter an all das zurückdenken, was sie mitgemacht hatten, damit dieser Traum wahr wurde. Wie viele Flüsse und Gebirge sie durchquert hatten. Wie die nordkoreanische Grenzpolizei sie verhaftet und gefoltert hatte, weil sie frei sein wollten. Die lange Trennung von ihren Kindern. Die Tage ohne Wasser und Essen. Die Nächte im moskitoverseuchten Dschungel. Sie waren nicht umsonst gewesen, diese Strapazen!

Selbst die Luft schien anders zu riechen in diesem Land. Die Größe und Sauberkeit des „Inchon International Airport“, des Flughafens von Seoul, wollte sie schier erschlagen. Mit diesem Flughafen kamen selbst die größten und besten Gebäude in Pjöngjang nicht mit. Und die vielen Blumen! Sie betasteten sie vorsichtig, um zu sehen, ob sie echt oder künstlich waren. Sie waren echt.

Man führte sie in einen separaten Raum. Ihre Einreise war keine öffentliche Angelegenheit. Es waren nur ein paar Regierungsbeamte da, die sie begrüßten und ein Foto von ihnen machten. Sie fragten Peter und Maria auch, wie sie sich fühlten, jetzt, wo sie in Seoul waren. Danach führte man sie wieder hinaus und zu einem Auto, das sie zu irgendeiner Behörde fuhr, wo man sie gründlich befragte. Es war das übliche Einreiseverfahren, das die südkoreanische Regierung eingeführt hatte.

Als sie durch die Straßen von Seoul fuhren, wuchs ihr Erstaunen noch. Alles sah so modern, hell und sauber aus. In Nordkorea trugen selbst die Häuser Uniform; hier im Süden schien jedes Haus seine eigene, freie Persönlichkeit zu haben. Das bloße Betrachten der Vielfalt der Gebäude und wie sie zusammen ein geschmackvolles Ganzes bildeten, gab Peter ein Gefühl der Freiheit. Am liebsten hätte er jedes der Häuser besucht, um zu sehen, wie die Menschen darin wohnten.

Wieder dankten Peter und seine Familie Gott für die vielen Wunder, die er während ihrer Flucht getan hatte. Diese Flucht aus der Hölle und die Ankunft im gelobten Land – Gott selber hatte sie organisiert.

19. Das Leben in der Freiheit

Doch es lag noch eine Hürde vor ihnen. Einen Monat lang wohnte die Familie in einem Regierungsgebäude, wo Maria und Peter verhört wurden, meistens getrennt voneinander. Die Beamten wollten alles wissen: den Namen der Vorschule, in der sie gewesen waren, ihre Grundschule, die Lieder, die sie in der Schule gesungen hatten, und hundert andere Dinge. Dazu natürlich alle Details über Peters Aufenthalte in China, über ihre Verhaftung und Flucht und wie sie nach Südkorea gekommen waren.

Wenn sie sich dann abends über ihren Tag austauschten, entdeckten Peter und Maria oft, dass sie den Beamten auf manche Fragen unterschiedliche Antworten gegeben hatten. Für Maria war es Schwerstarbeit, gewisse Ereignisse zeitlich richtig einzuordnen. Gut, dass sie beide wussten: Diese Verhöre hatten ihren guten Sinn – nämlich denen auf die Schliche zu kommen, die nur vorgaben, Nordkorea-Flüchtlinge zu sein. Auf diese Weise sollten vor allem koreanische Chinesen entlarvt werden, die nach Südkorea einreisen wollten.

Die Sicherheitsmaßnahmen waren strikt. Jeder Gang zur Toilette musste beantragt werden, und ein bewaffneter Wächter ging bis zur Toilettentür mit. Nach intensiven medizinischen Untersuchungen wurde die Familie in eine Übergangswohnung verlegt. Hier war das Leben schon angenehmer, vor allem die ausgedehnten Rundfahrten und Rundgänge durch die Stadt, die man ihnen spendierte. Sie sahen alle Touristenattraktionen und schlenderten staunend durch Kaufhäuser und Einkaufszentren. Auch dies geschah unter dem wachsamen Auge von Sicherheitsbeamten, die ihnen treuer als ein Schatten folgten. Zum Glück waren sie nicht von der überheblichen Sorte, ja die Ausflüge und die spontanen „Ahs!“ und „Ohs!“ dieser Familie, die hier gleichsam einen unbekannten Kontinent entdeckte, schienen ihnen Spaß zu machen.

Das Staunen von Peter, Maria, Daniel und Sharon wollte kein Ende nehmen. Autos und wieder Autos. Häuser, Hochhäuser, Wolkenkratzer. Saubere Straßen. Menschen, die – es war nicht zu glauben – auf offener Straße lachten! Geschäfte und wieder Geschäfte voller Kleidung, Spielzeuge, Möbel und elektrischer Geräte. Lauter Themen für endlose Gespräche bis tief in die Nacht, wenn sie dann abends wieder zu Hause waren.

Was beeindruckte sie am allermeisten? Das Essen. Den Geschmack ihrer ersten Hamburger würden sie wohl nie vergessen. Oder den ihrer ersten Pizza. In dieser Stadt schien es an jeder Straßenecke ein Restaurant oder eine Snackbar zu geben.

Doch bei jeder Mahlzeit musste Peter an seine Verwandten und Freunde in Nordkorea denken, die hungerten. Wie gerne hätte er ihnen Essenspakete geschickt, aber er wusste: Das war nicht möglich. Er sehnte sich nach dem Tag, wo Nord- und Südkorea wiedervereinigt wären. Er war sich sicher: Wenn das geschah, würde es auf der ganzen koreanischen Halbinsel niemanden mehr geben, der hungern musste.

Es gab noch andere Gedanken und Gefühle, die bewältigt werden wollten. An erster Stelle die zornige Erkenntnis, in was für einem Maße die nordkoreanische Propaganda-Maschine ein ganzes Volk mit ihren Lügen vergiftet hatte. Erst jetzt sahen sie es in aller Deutlichkeit: Nicht

Nordkorea war das Paradies und der Rest der Welt die Hölle, sondern ihr Heimatland war das Armenhaus; sie waren es, die auf Schritt und Tritt betrogen worden waren, und Kim Jong Il war einer der schlimmsten Verbrecher der Weltgeschichte. Diese Erkenntnis tat sehr weh, und die langen Abendgespräche gingen nicht ohne Tränen ab. Peter und Maria wünschten sich verzweifelt, den Menschen in Nordkorea irgendwie die Wahrheit bringen zu können. Sie hatten das Wort von Jesus gehört, dass die Wahrheit frei macht, aber hier erlebten sie: Ihre neue Freiheit versetzte sie auch in die Lage, die Wahrheit zu hören und zu erkennen.

Es gab nur eines, was ihr Leben in Seoul buchstäblich etwas trübte, und das war die Luftverschmutzung in manchen Stadtteilen durch die vielen Autoabgase. Peter wusste, dass man ihnen bald ihre erste richtige Wohnung zuweisen würde, in der sie mit staatlicher Unterstützung mindestens ein Jahr bleiben konnten, und so betete er darum, dass sie nicht in einem der Viertel mit besonders großer Luftverschmutzung landen würden.

Die Wohnungen wurden nach dem Losverfahren vergeben; der Wohnungsuchende zog aus einer kleinen Schachtel eine Nummer, die für eine der Wohnungen stand. Peters Familie konnte ihre geschmackvoll möblierte Zwei-Zimmer-Wohnung am 6. Februar 2002 beziehen; es war ein Tag, den sie nie mehr vergessen würden. Und siehe da, die Wohnung lag in einem ruhigen Wohnviertel von Seoul, wo es wenig Verkehr und entsprechend wenig Abgase gab. Die vier wussten bald nicht mehr, wie oft sie schon gesagt hatten: „Ist das wirklich unsere Wohnung?"

Es war ihre Wohnung, aber nicht für immer. Nordkoreanische Asylanten durften ein Jahr lang mietfrei in der ihnen von der Regierung angewiesenen Wohnung bleiben. Dazu kam eine monatliche Beihilfe vom Staat. Nach diesem Jahr hatten sie auf eigenen Füßen zu stehen.

Der folgende Monat war hektisch. Es galt, sich die Straßennamen in dem Viertel einzuprägen, die richtigen Geschäfte zum Einkaufen zu finden, die Kinder in der Schule anzumelden, den nächsten Hamburger oder Milchshake vorzubereiten. Peter machte den Führerschein; wer wusste, ob er ihn nicht bald brauchen würde?

Dann die Vorbereitung auf den Berufsalltag. Maria und Peter belegten verschiedene Fortbildungskurse. Marias Ziel war, Näherin oder Schneiderin zu werden – entweder für eine Änderungsschneiderei oder in der Modebranche. Sie wählte diesen Beruf, weil eine ihrer Schwestern auch Näherin war. Maria will so viel Geld auf die hohe Kante legen, dass sie dann, wenn die beiden Koreas wiedervereinigt werden, ihren Verwandten zu Hause helfen kann.

Peter ließ sich zum Innenarchitekten ausbilden und belegte Kurse über Bauwesen und Bauschreinerei. Die Abende verbrachte er damit, das Arbeiten am Computer zu lernen, das er für den Beruf als Innenarchitekt brauchen würde.

Er erkannte auch, wie wichtig es ist, sich einer christlichen Gemeinde anzuschließen und christliche Freunde zu haben. Die Familie fand eine Gemeinde, die sie mit offenen Armen aufnahm und ihnen noch heute mit Rat und Tat zur Seite steht. In der Gemeinde gibt es mehrere andere Familien aus Nordkorea, und jede Woche nach dem Sonntagsgottesdienst treffen sie sich alle zu einer Bibel- und Gemeinschaftsstunde. Danach kommt ein geselliger Teil mit Spielen, neuen Liedern und allgemeinem Austausch. Hier kann man sich erzählen, was es Neues gibt, und die Gemeinschaft untereinander – und zu Gott – pflegen und genießen.

Nach dem, was er in Nordkorea, auf seiner Flucht und danach erlebt hat – die heimlichen Reisen nach China, die Verhaftung an der Grenze, die Flucht, der Aufenthalt in China, der Exodus nach Südkorea und das neue Leben dort –, kann Peter ehrlich sagen: „Alles, was ich brauche, ist Gott." Zu seiner Frau sagt er oft: „Ich würde lieber als Christ in Nordkorea leben als als gottloser Millionär in Südkorea." Die beiden können sich ein Leben ohne Gott und seine Liebe nicht mehr vorstellen, und es ist ihr großes Ziel, eines Tages ihren Freunden in Nordkorea von ihrem Glauben zu erzählen.

Heute hält Peter oft Vorträge über die Lage in Nordkorea. Er glaubt, dass es möglich ist, diesem Land die gute Nachricht von Jesus zu bringen, „wenn wir nur zu Gott beten und seiner Führung folgen". Er findet es sogar noch wichtiger, Bibeln in das vom Hunger gequälte Nordkorea zu schicken, als Reis.

Für Peters Familie beginnt der Tag um fünf Uhr morgens mit Gebet, Liedern und Bibellesen. Es ist ein Ritual, das Peter in China kennengelernt hat und dem er seitdem treu geblieben ist.

20. Zukunftsträume

Peter hat viele Zukunftsträume. Schon mehr als einmal hat Gott so einen Traum wahr werden lassen. Zum Beispiel in der Gemeinde in Esthers Haus, zu deren Gottesdiensten typischerweise zwanzig Personen kamen. Die meisten Hausgemeinden in China zählen zwischen zwanzig und dreißig Mitglieder. Peter fing an, kontinuierlich darum zu beten, dass Esthers Gemeinde auf fünfzig Mitglieder wuchs. Naiv und unrealistisch? Als er nach anderthalbjährigem Aufenthalt China verließ, waren es 53 Personen geworden.

Nach menschlichen Maßstäben gehört Peter nicht zu den Gebildeten. Doch wenn es um die Bewährung des christlichen Glaubens im harten Alltag geht, gebührt Peter glatt ein Doktortitel. Aber er hat seine Geschichte nicht alleine geschrieben. Ohne Esther und den Ältesten Cha, ohne Pastor James und andere erfahrene Christen und erst recht ohne Gottes Eingreifen hätte es diese Geschichte nicht gegeben.

In Südkorea träumte er jahrelang davon, den Dienst für Gott zu seinem Beruf zu machen. Ein Pastor, der das Übergangsheim betreute, in dem Peter mit seiner Familie in Seoul zuerst gewohnt hatte, fand diesen Wunsch unrealistisch. Er meinte zu Peter: „Wenn Flüchtlinge aus Nordkorea nach Südkorea kommen, beschließen sie oft Hals über Kopf, Theologie zu studieren, um Pastor zu werden. Doch solch einen Entschluss sollte man nicht einfach vor lauter Dankbarkeit gegenüber Gott fassen, sondern erst nach viel Gebet und reiflichem Überlegen. Bevor man an ein Studium auch nur denkt, sollte man sich ganz sicher sein, dass dies Gottes Wille ist. Unter anderem muss man sich genau überlegen, woher das Geld für das Studium kommen soll – und wovon die Familie während dieser Zeit leben soll."

Peter hörte schließlich auf den Rat dieses Pastors und sagte sich: Gut, das mit dem Pastor würde wohl nichts werden. Aber bestimmt hatte er noch andere Möglichkeiten, Gott zu dienen, und die wollte er nutzen!

Dass er den Traum vom Pastorenberuf begraben konnte, liegt zum großen Teil an einem anderen Ziel, das ihn antreibt: „Mein Ziel ist, in meiner Heimatstadt eine Kirche zu bauen, in die ich die Menschen dort einladen und wo ich ihnen zeigen kann, wie sehr Gott sie liebt. Ich weiß genau, wo die Kirche liegen wird – auf einem Hügel, direkt neben einem schönen Park. Ich weiß auch schon, wie ich die Wege gestalten werde, die zu der Kirche führen.

Das kann natürlich erst dann wahr werden, wenn Nord- und Südkorea wiedervereinigt sind. Viele Menschen glauben, dass es nie dazu kommen wird. Das sehe ich anders. Es gibt schon manche gute Zeichen, und Kim Jong Il wird alt und hat Diabetes und Herzprobleme.

So grausam er auch ist – wir müssen Jesu Lehre folgen, Kim Jong Il vergeben und für seine Erlösung beten. Die Menschen in Nordkorea hungern nach Essen, nach Freiheit und danach, Gott offen lieben und zu ihm beten zu können. Die Unterschiede zwischen dem Norden und dem Süden sind riesig, aber nicht so riesig, dass ein in Gott geeintes Volk sie nicht durch Beharrlichkeit und Gebet überwinden könnte."

Und dann die Zukunftsträume und Ziele der anderen Familienmitglieder. Sharon möchte Lehrerin werden, damit sie eines Tages den Kindern in Nordkorea Gottes Liebe bringen kann. Daniel betet darum, dass Gott ihn Pastor werden lässt. Maria möchte ihrem Mann weiter zur Seite stehen, denn er wird immer eine treue und kluge Partnerin brauchen, ob nun zu Hause oder im Dienst für Gott.

Sie zogen aus, um ihren Hunger zu stillen – und fanden Gott.

Nachwort

Die Geschichte der koreanischen Halbinsel, die zwischen China und den japanischen Inseln liegt, begann vor fast 5.000 Jahren und war immer wieder durch die Machtansprüche der drei mächtigen Nachbarn China, Japan und Russland geprägt. Oft versuchte sich Korea zu schützen, indem es sich nach außen abschottete. Noch heute gilt Nordkorea als das „Verschlossene Land" schlechthin.

1910-1945 war Korea von Japan besetzt. Die Besatzung endete mit dem japanischen Zusammenbruch am Ende des Zweiten Weltkriegs. Doch statt der ersehnten Freiheit erlebte Korea im August 1945 die Aufteilung des Landes unter der Herrschaft der beiden Supermächte: der Sowjetunion, die den Norden besetzte, und den USA im Süden. Als Grenzlinie wurde der 38. Breitengrad festgelegt. Ursprünglich sollte die neue Besetzung nur eine Übergangslösung sein, bis sich eine neue gesamtkoreanische Regierung gebildet hatte. 1948 kam es jedoch zur Gründung der Republik Südkorea und der „Volksrepublik" Nordkorea. Mit dem Überfall Nordkoreas auf Südkorea zur gewaltsamen „Wiedervereinigung des Vaterlandes" unter kommunistischer Herrschaft begann 1950 der über drei Jahre dauernde Koreakrieg. Die Aggressoren wurden von Russland und China unterstützt. Auf der anderen Seite kämpften die südkoreanische Armee, UN-Truppen und die USA. Der Krieg endete am 27. Juli 1953 mit einem Waffenstillstand, welcher den 38. Breitengrad bis heute als Demarkationslinie zementierte.

Während sich in Südkorea ein demokratisches System etablierte, wurde Nordkorea unter seinem „Führer“ Kim Il Sung eine stalinistische Diktatur, die bis heute eines der repressivsten Regime der Welt ist. Es gibt keinerlei politische oder religiöse Freiheit, und das Land steht regelmäßig an der Spitze der Länder, in denen Christen am brutalsten verfolgt werden. (Quelle: Open Doors 2007)

Die christliche Mission und Kirche in Korea begann im Wesentlichen in der zweiten Hälfte des 19. Jahrhunderts. Am Ende des Zweiten Weltkriegs gab es im Norden viel mehr Christen als im Süden. Pjöngjang im Norden wurde sogar „Jerusalem des Ostens“ genannt. Zu Beginn des Koreakrieges flohen viele Christen aus dem kommunistischen Norden in den Süden. Doch längst nicht allen gelang die Flucht. Und etliche blieben im Norden, weil sie Gott dort dienen wollten. Sehr viele Christen in Nordkorea wurden in der Folge wegen ihres Glaubens getötet.

Auch heute bezahlen Christen in Nordkorea immer wieder ihren Glauben mit dem Leben. So haben Recherchen von Open Doors ergeben, dass immer wieder Christen öffentlich durch Exekutionskommandos erschossen worden sind. Die meisten von ihnen waren in China Christen geworden und wollten das Evangelium den Menschen in ihrer Heimat bringen. Diese jungen, frischbekehrten Christen scheinen besonders gefährdet zu sein, weil sie unvorsichtiger im Offenbaren ihres Glaubens sind, während die Christen der zweiten oder dritten Generation eher wissen, wie man in Nordkorea als Christ überlebt.

Im Mai 1997 brachen Gefängniswärter sieben in der Provinz Hambuk inhaftierten nordkoreanischen Christen die Unterkiefer, weil sie trotz Verbots weiter zu Gott gebetet und gesungen hatten. Dann erschossen sie sie.

Weitere Vorfälle im Gefängnis in Hambuk ereigneten sich im März und Juli 1998. Vier Christen wurden erschossen. Um einen Gefangenen zu zwingen, seinem Glauben an Jesus Christus abzuschwören, gaben ihm die Wärter tagelang nichts zu essen. Als er immer noch widerstand, erschossen sie ihn. Drei weitere Insassen fielen durch die mutige Bezeugung ihres Glaubens und ihren großen inneren Frieden auf. Ihre Peiniger schlugen sie, bis sie bewusstlos wurden, dann erschossen sie sie.

Im Dezember 1999 wurden in der Stadt Haesan zwei Frauen öffentlich erschossen, angeblich weil sie Schmugglerinnen waren. In Wirklichkeit waren sie aktive Christinnen gewesen. Im gleichen Monat wurden zwei andere Christen in der Provinz Hambuk öffentlich erschossen. Einem von ihnen hatte man vorher sämtliche Zähne ausgeschlagen, sodass er kaum noch verständlich sprechen konnte, aber er bezeugte seinen Glauben und das Evangelium bis zum Ende – noch auf dem Weg zum Hinrichtungsplatz.

Diese furchtbaren Beispiele sind nur die Spitze eines Eisbergs der brutalsten Verfolgung. Nach verlässlichen Quellen befinden sich zurzeit Zehntausende von Christen in nordkoreanischen Gefängnissen und Arbeitslagern, wo sie den barbarischsten Misshandlungen ausgesetzt sind.

Man schätzt, dass es in Nordkorea mehr politische und religiöse Gefangene gibt als in jedem anderen Land. Niemand weiß, wie hoch die Gesamtzahl der Opfer ist, aber es ist zum Beispiel bekannt, dass im Jahr 2005 über 20 Christen öffentlich erschossen oder in Arbeitslagern zu Tode geprügelt wurden.

Auch viele Christen, die von außen versuchen, der verfolgten Kirche in Nordkorea zu helfen, können eine Leidensgeschichte erzählen. Zum Beispiel wurden im April

2002 zwei Pastoren aus Südkorea und zwei Gemeindemitglieder aus Südkorea wegen ihrer humanitären und seelsorgerlichen Arbeit unter nordkoreanischen Flüchtlingen in China ins Gefängnis geworfen; sie wurden 2004 aus der Haft entlassen, aber andere wurden inhaftiert. So ergeht es vielen südkoreanischen Christen in China, die dort Flüchtlingen helfen.

Trotz einer gemeinsamen Geschichte von fast 5.000 Jahren sind Nord- und Südkorea heute so total voneinander getrennt wie kaum zwei andere Länder in der Welt.

Gut 20 Millionen Menschen wohnen in Nordkorea. Nordkoreas Wirtschaftskraft beträgt nur etwa 6 Prozent der von Südkorea. Das Regime hat das Land so hermetisch von der Außenwelt abgeriegelt, dass es schwierig ist, exakte Informationen zu bekommen. Doch eines ist überdeutlich: Nordkorea ist ein Land, in dem sehr viele Christen verfolgt und getötet werden. In der Liste der offen antichristlichen Länder steht Nordkorea ganz oben.

Angesichts dieser Situation darf es nicht wundern, wenn nordkoreanische Christen ihren Glauben geheim halten. Entsprechend schwierig ist es, die genaue Zahl der Christen in Nordkorea zu ermitteln. Es gibt, vor allem in den nördlichen Provinzen, eine lebendige Untergrundkirche, jedoch nur in Form von Hausgemeinden. Man trifft sich heimlich zum Gottesdienst. In ländlichen Gegenden kommt es vor, dass sich bis zu achtzig Personen regelmäßig in Höhlen treffen. Die Kinder der Christen werden von klein auf im Glauben unterrichtet. Wenn es ans Heiraten geht, versucht man, einen christlichen Partner zu finden, selbst wenn dies einen Abstieg auf der sozialen Leiter bedeutet.

Im Jahre 1996 begann das christliche Hilfs- und Missionswerk „Open Doors“ eine aktive Arbeit für die verfolgten Christen in Nordkorea. Open Doors hilft diesen Christen mit Bibeln, Lebensmitteln, Medikamenten, Radios zum Empfang des südkoreanischen christlichen Senders FEBC, Fahrrädern und Ausbildungsangeboten für ehrenamtliche Gemeindemitarbeiter. Auch wichtige Personen in China unterstützt Open Doors, wie Esther Li und den Ältesten Cha, die es sich zur Lebensaufgabe gemacht haben, nordkoreanischen Flüchtlingen zu helfen.

Die Berichte von Menschen, die Nordkorea besucht haben oder die unter nordkoreanischen Flüchtlingen arbeiten, gehen zum Teil weit auseinander. Zum Beispiel:

- Die Angaben darüber, wie viele Menschen in Nordkorea seit 1995 verhungert sind, reichen von einer Million bis zu 5 Millionen.
- Die Angaben über die Anzahl der in Gefängnissen oder Arbeitslagern inhaftierten Christen gehen von 50.000 bis 70.000.
- Die Schätzungen darüber, wie viele Nordkoreaner in den letzten zehn Jahren über den Tumen nach China gegangen sind, reichen von 300.000 bis 2 Millionen.
- Die Zahl der in China lebenden nordkoreanischen Flüchtlinge wird unterschiedlich mit 150.000 bis 300.000 angegeben. Open Doors schätzt, dass bis zu 70 Prozent von ihnen Christen geworden sind.
- Die Angaben über die Anzahl der Christen in Nordkorea reichen von 10.000 bis 500.000. (Open Doors geht von etwa 200.000 Christen in Nordkorea aus.)

Zweifellos gibt es ein ernstes nordkoreanisches Flüchtlingsproblem. Für die chinesischen Behörden sind diese Menschen jedoch keine Flüchtlinge, sondern illegale „Wirtschaftsmigranten“. Die Behörden jagen sie mit Kopfgeldjägern, die möglichst viele von ihnen aufgreifen sollen. Diese Menschen werden dann zurück nach Nordkorea deportiert, wo Gefängnis und Tod durch Hunger, Krankheit oder Folter auf sie warten.

Vor einiger Zeit wurden in China wieder zwei südkoreanische Pastoren und zwei Laien inhaftiert, wegen ihrer seelsorgerlichen und humanitären Arbeit unter nordkoreanischen Flüchtlingen. Sie warten zurzeit auf ihren Prozess.

In Nordkorea läuft zurzeit eine Kampagne gegen Grenzwächter, die ein Auge zudrücken oder Bestechungsgelder annehmen. Und Südkorea lässt pro Jahr nur eine sehr begrenzte Anzahl von Flüchtlingen wie Peter und Maria einreisen.

Nachdem humanitäre Organisationen die mangelhafte Unterstützung nordkoreanischer Flüchtlinge in China kritisiert hatten, versprach der UN-Hochkommissar für Flüchtlinge, Schritte zu unternehmen, um ihre Deportation zurück nach Nordkorea zu stoppen, doch bis jetzt hat sich die Situation nicht wesentlich verändert.

Verschiedene christliche Hilfsorganisationen arbeiten mit aller Kraft daran, diesen Flüchtlingen zu helfen. Christen aus Südkorea, Japan und China riskieren ihre eigene Freiheit, um den Flüchtlingen humanitäre Hilfe zu bringen und sie in den christlichen Glauben einzuführen. Um diese Helfer nicht in Gefahr zu bringen, kann ihre Arbeit hier nicht im Detail dargestellt werden. Aber die Not der Flüchtlinge verlangt unser Handeln. Hier einige Schritte, die Sie unternehmen können:

- Informieren Sie sich über die Lage der nordkoreanischen Flüchtlinge. (Dazu können Sie bei Open Doors aktuelle Informationen erhalten; Adresse im Anhang. Außerdem gibt das autobiografische Buch von Soon Ok Lee Einblick: „Lasst mich eure Stimme sein! Sechs Jahre in Nordkoreas Arbeitslagern“, Gießen 2005)

- Schreiben Sie an Ihre Regierung bzw. die Abgeordneten Ihres Wahlkreises und fragen Sie, was Ihr Land für die Flüchtlinge aus Nordkorea tut.
- Organisieren bzw. besuchen Sie Gebetsveranstaltungen für Flüchtlinge aus Nordkorea und die chinesischen Christen, die ihnen helfen.
- Beteiligen Sie sich an einer „Gebetsreise“ nach Nordkorea. Das Open-Doors-Büro in Ihrem Land gibt Ihnen gerne mehr Informationen dazu.
- Spenden Sie für Organisationen, die unter den nordkoreanischen Flüchtlingen arbeiten, sowie für christliche Radiosender wie FEBC.
- Sprechen Sie mit Freunden und Bekannten über die Situation der nordkoreanischen Flüchtlinge und wie man ihnen helfen kann.

Und nicht zuletzt: *Beten Sie!* Dies ist vielleicht das Wichtigste, was Sie tun können. Um Ihnen Anregungen dazu zu geben, haben wir eine Liste mit 18 Gebetsanliegen zusammengestellt. Sie können darum bitten:

- dass Gott den Christen in Nordkorea die Kraft und den Mut gibt, treu im Glauben zu bleiben und den Kontakt miteinander zu halten, ohne vom Regime entdeckt zu werden,
- dass die Christen in Nordkorea sich nicht an der geforderten Götzenverehrung der Führung ihres Landes beteiligen,
- für Christen und ihre Familien, die in Arbeitslagern ausgebeutet und bis zum Tod gefoltert werden,
- dass Gott unseren nordkoreanischen Brüdern und

Schwestern, die gefoltert werden oder vor der Hinrichtung stehen, Kraft gibt,

- dass die Christen, wenn sie verhört und gefoltert werden, nicht die Namen anderer Christen oder Helfer preisgeben,
- dass Hilfslieferungen aus dem Ausland die hungernde nordkoreanische Bevölkerung erreichen,
- dass die Gefängnisse und Lager geschlossen werden,
- um politische und religiöse Freiheit,
- um eine unblutige Wende,
- dass möglichst viele nordkoreanische Christen zu Missionaren in ihrem Land werden, damit sich dieses von innen her verändert,
- um Weisheit und Schutz für alle, die sich in China um die Flüchtlinge aus Nordkorea kümmern,
- für christliche Missionare, die in China inhaftiert sind, weil sie Nordkoreanern geholfen haben,
- für nordkoreanische Flüchtlinge, die in China in Gefahr sind,
- dass die gute Nachricht von Jesus Nordkorea ungehindert erreichen kann,
- dass noch viele Menschen in Nordkorea Jesus Christus als den einzigen Weg, die Wahrheit und das Leben erkennen,
- um Gesundheit und Bewahrung der christlichen Mitarbeiter in der Region,
- für die Alten und Kranken, die medizinische Behandlung brauchen,
- für die ganz praktischen Bedürfnisse von Christen, die in entlegenen Gegenden wohnen. Sie gehen nachts in die Berge, um dort im Geheimen Gottesdienste zu feiern, dafür brauchen sie Taschenlampen. Beten Sie darum, dass auch ihr Leben ein Licht für andere ist.

Der Dienst von Open Doors

Manche, die das Wort „Christenverfolgung“ hören, denken vielleicht an die Antike, wo Christen grausam unter den Augen Tausender hingerichtet wurden.

Doch gerade heute leiden über 200 Millionen Menschen aufgrund ihres christlichen Glaubens unter Benachteiligungen und Verfolgung. Viele versammeln sich im Untergrund, weil ihnen verboten ist, sich mit anderen Christen für gemeinsame Gottesdienste zu treffen. Wieder andere werden wegen ihres Glaubens an Jesus Christus gefoltert oder gar ermordet.

Wie es begann

Seit über 50 Jahren hilft das überkonfessionelle christliche Missions- und Hilfswerk Open Doors verfolgten Christen. Die Arbeit begann 1955 mit dem Schmuggeln von Bibeln hinter den Eisernen Vorhang. Damals brachte der Holländer Anne van der Bijl, der als Bruder Andrew oder – nach seiner Bestseller-Autobiografie – als „Der Schmuggler Gottes“ bekannt wurde, Bibeln in Länder von Polen bis nach China. Heute ist Open Doors in 45 Ländern aktiv, vor allem in Asien, Afrika und dem Mittleren Osten.

Der Auftrag von Open Doors

An der Untergrundarbeit von Open Doors in Ländern mit Verfolgung hat sich seit Bestehen des Werks nichts geändert. Die Berufung ist es, verfolgte Christen zu ermutigen, in einer feindlich gesinnten Umwelt das Evangelium weiterzusagen. Hierzu bringt Open Doors den

Untergrundgemeinden Bibeln, bildet Leiter und Pastoren aus, unterstützt die Familien ermordeter Pastoren und ruft die Christen in der „freien Welt" zur Unterstützung ihrer Geschwister auf.

Was Sie tun können

Damit Sie gezielt für verfolgte Christen beten können, schicken wir Ihnen gerne unser kostenloses monatliches Open Doors-Magazin mit Lebensberichten und aktuellen Gebetsanliegen zu. Sie können Christen, die aufgrund ihres Glaubens oft viele Jahre unschuldig im Gefängnis sitzen, auch Ermutigungskarten schreiben. Informationen hierzu und zu weiteren Hilfsmöglichkeiten finden Sie auf unserer Website. Oder rufen Sie uns an. Gerne kommen Mitarbeiter von Open Doors zu Bild- und Film-Vorträgen oder zum Predigen in Ihre Kirchengemeinde.

Open Doors Deutschland
Postfach 1142
65761 Kelkheim
Telefon: +49 (0)6195/67 67 0
Telefax: +49 (0)6195/67 67 20
Internet: www.opendoors-de.org
E-Mail: info@opendoors-de.org

Open Doors Schweiz
Postfach 147
CH-1032 Romanel/Lausanne
Telefon: +41 (0)21 731 01 40
Telefax: +41 (0)21 731 01 49
Internet: www.opendoors.ch
E-Mail: info@opendoors.ch

Weitere spannende Lebensberichte

Soon Ok Lee
Lasst mich eure Stimme sein
Sechs Jahre in Nordkoreas Arbeitslagern

192 Seiten, Kartoniert,
ISBN 978-3-7655-3848-3

Sie glaubte der Propaganda. Sie hatte eine gute Position in der Wirtschaft. Da gerät sie durch eine Intrige in einen Machtkampf zwischen Partei und Sicherheitsapparat. Trotz ihrer Treue zur Partei wird Soon Ok Lee zu 13 Jahren Arbeitslager verurteilt und erträgt dort unvorstellbare Leiden.

Anneke Companjen
Bittere Tränen – leuchtende Hoffnung
Die verfolgte Kirche und ihre vergessenen Frauen

288 Seiten, Kartoniert,
ISBN 978-3-7655-3880-3

Sie werden bedroht, belogen, gemieden. Sie bangen um ihre Männer und Söhne. Aber sie geben nicht auf! Sie bekämpfen und überwinden mit ihren Familien Angst und materielle Not. Und sie verlieren nicht die Hoffnung. Sie sind die vergessenen Frauen der verfolgten Kirche.